U0623274

中国象棋经典布局系列

中炮过河车七路马对屏风马平炮兑车

朱宝位　刘海亭　**编著**

时代出版传媒股份有限公司

安 徽 科 学 技 术 出 版 社

图书在版编目(CIP)数据

中炮过河车七路马对屏风马平炮兑车 / 朱宝位,刘海亭编著.--合肥:安徽科学技术出版社,2019.1(2023.4重印)

(中国象棋经典布局系列)

ISBN 978-7-5337-7448-6

Ⅰ.①中… Ⅱ.①朱…②刘… Ⅲ.①中国象棋-布局(棋类运动) Ⅳ.①G891.2

中国版本图书馆 CIP 数据核字(2018)第 000401 号

中炮过河车七路马对屏风马平炮兑车　　　　　　　朱宝位　刘海亭　编著

出 版 人：丁凌云　　　选题策划：刘三珊　　　责任编辑：刘三珊
责任校对：张　枫　　　责任印制：李伦洲　　　封面设计：吕宜昌
出版发行：安徽科学技术出版社　　　http://www.ahstp.net
(合肥市政务文化新区翡翠路 1118 号出版传媒广场,邮编:230071)
电话:(0551)63533330
印　　　制：唐山富达印务有限公司　　　电话:(022)69381830
(如发现印装质量问题,影响阅读,请与印刷厂商联系调换)

开本:710×1010　1/16　　印张:13.5　　字数:243 千
版次:2023 年 4 月第 3 次印刷

ISBN 978-7-5337-7448-6　　　　　　　　定价:55.00 元

前　　言

　　红方进七路马，是中炮过河车对屏风马平炮兑车这一布局变化中最复杂的一种阵势。自 20 世纪 70 年代流行以来，一直深受棋手们的重视。这种阵势现在虽已形成了许多定型的局式，但它的攻防变化仍在不断地完善之中，至今仍长盛不衰。中炮过河车七路马对屏风马平炮兑车主要包括中炮七路马对屏风马平炮兑车、五九炮过河车对屏风马平炮兑车两大类。其中中炮七路马对屏风马平炮兑车主要有红七路马盘河变例、黑高右横车两种变例，前者相对来说则要平稳一些，但它更讲求布局的协调与工整；黑方高右横车变例则一反后手方以防御为主的策略，实施以攻为守的积极性防御，黑方力求以左翼的反击来抑制红方中路的攻势。五九炮过河与对屏风马平炮兑车变例则讲求两翼平衡发展，采用徐图进取的战略战术。

　　本书专门介绍和阐述中炮过河车七路马对屏风马平炮兑车的各种局式、变化及其攻防战略。全书分两章 86 局，最后附有实战对局选例 20 局，以供读者在阅读研究时与本书理论部分的内容互相印证，随着实战经验的积累，不断提高这种布局的技战术水平。

　　限于笔者水平，书中不妥之处在所难免，希望棋界同好给予批评、指正。

编　　者

目　　录

第一章　中炮七路马对屏风马平炮兑车

中炮七路马对屏风马平炮兑车主要包括红七路马盘河变例和黑高右横车变例。红七路马盘河变例，是准备配合过河车对黑方中路进行攻击，并伺机窥探黑方右翼，讲究子力的协调布置，是稳健型棋手喜欢选择的布局阵势。黑方高右横车变例，意图抢占左肋，威胁红方过河车，与红方对抢先手。这是一种力争主动的积极性防御走法，常为喜爱攻杀型棋手所采用。本章列举35局典型局例分别介绍这一布局双方的攻防变化。

第一节　红七路马盘河变例

第1局　红七路马盘河对黑左车骑河(一)

1.炮二平五　马8进7　　2.马二进三　车9平8

3.车一平二　马2进3　　4.兵七进一　卒7进1

5.车二进六　炮8平9　　6.车二平三　炮9退1

7.马八进七　士4进5　　8.马七进六　…………

至此，双方形成中炮过河车七路马对屏风马平炮兑车的布局阵势。红方跃马河口，是一种较为稳健的走法。

8.…………　炮9平7　　9.车三平四　车8进5

黑车骑河捉马，不给红方多留选择空间，着法积极有力。

10.炮八进二　象3进5

黑方飞象固防，是比较稳健的选择。如急于反击而走卒3进1，则马六进五，车8平3，炮八平九，象3进1，马五进七，红方得子大占优势。

11.炮五平六　…………

红方卸炮封车稳扎稳打，待机而动。如改走马六进五，则车8平3，炮八平九，车1平3，红无便宜。

11.…………　卒3进1

黑方兑卒拆散红方炮架，是此变例中常用的战术手段。

12.兵三进一　…………

— 1 —

红方弃兵攻车,力争主动。

12.……………… 车8退1

黑方退车巡河,着法机警。如误走车8平7吃兵,则相七进五,车7进1,炮八退一,黑方失车。

13.兵七进一 象5进3

黑方如改走卒7进1,则兵七进一,马3退4,相七进五,卒7进1,马三退五,双方虽然各有一兵(卒)过河,但红方七路兵的威力更大。

14.炮八平七 …………

红方平炮打马紧逼,着法积极。

14.……………… 马3进4

黑方炮口献马,应着巧妙。如示弱改走象3退5(如马3进2,则炮七平九),则车九平八,车1平2,马六进七,红方优势。

15.炮六进三 …………

红方进炮打马先得实惠,算准以后弃回一子可争得先手,简明的走法。

15.……………… 卒7进1 16.炮六进三 …………

红方献炮引离黑方7路炮,再吃掉黑方过河卒保持局面均衡,正着。

红方另有两种走法:①车四进二,车8平4,车四平三,车4进1,车三退一,象3退5,车三退一,车4平3,车九平八,炮2平1,相三进五,车3进2,车三退二,车1平4,车三平七,车3退2,和势;②车九平八,车8平4,车八进七,马7进8,车四平三,车4进1,车三进二,车4平3,相三进五,车3平4,车三退四,车4平7,相五进三,和势。

16.……………… 炮7平4 17.炮七平三 车8平7

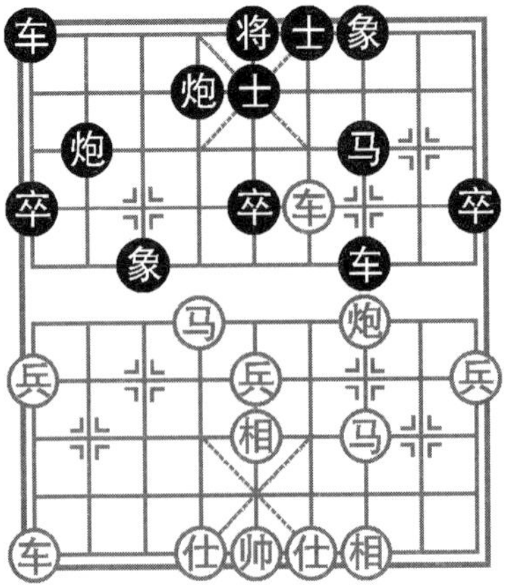

18.相七进五(图1) …………

如图1形势,黑方有三种走法:(一)象3退5;(二)炮4进2;(三)炮2进1。分述如下:

第一种走法:象3退5

18.……………… 象3退5

黑方落象,嫌软。

19.马六进五 车7平5

黑方如改走马7进5,则车四平五,炮2进5,马三进四,车7平6,马四退六,炮2退1,车九平八,车6平4,马六进八,炮4平2,

图1

车八进三,车4平2,车五退二,卒1进1,车八平六,红方胜势。

20.炮三进五　象5退7　　21.马五进六　炮2进5

22.车四平三　车1平4　　23.马六退七　车5退1

24.马三进四　车5平7　　25.马四进三

红方优势。

第二种走法:炮4进2

18.…………　炮4进2　　19.车四退二　象7进5

黑方如改走炮4平2,则车四平五,后炮平5,马六进五,马7进5,车五进二,炮2进4,马三退五,车1平4,马五退七,炮2退1,仕六进五,红方多中兵稍占优势。

20.车九平八　炮2平4　　21.炮三进三　车7退2

黑方如改走后炮平7,则马三进二,车7平4,马六进四,炮7平6,车四平五,卒5进1,车五平三,也是红方易走。

22.马六进四　车7进5　　23.马四进六　车7退4

24.车八进六　卒1进1　　25.兵一进一　炮4退1

黑方退炮,无奈。如改走车1进2,则车八进三,士5退4,马六退八,车1退1,车八平六,将5平4,车四进五,将4进1,车四退一,将4退1,车四平九,红方优势。

26.兵五进一

红方易走。

第三种走法:炮2进1

18.…………　炮2进1

黑方高2路炮打车,正着。

19.车四退二　…………

红方退车河口,稳健的走法。如改走车四退五,则象3退5(如炮4平2,则马六进七,后炮进1,马七进六,后炮平4,车九平八,炮2平4,马六退八,车1平2,车四平八,前炮进4,马三进四,象3退5,马八退七,车2进8,马七进六,士5进4,车八进一,士4退5,炮三进三,车7退2,车八进五,车7进2,车八平五,红方多兵较优),车九平八,炮2平4,车八进五,车7平2,马六进八,前炮退1,车四进七,象7进9,车四退四,车1平2,马八退六,后炮进4,车四平六,双方均势。

19.…………　炮2进2　　20.马六进五　马7进5

21.车四平八　象3退5　　22.仕六进五　马5进3

23.车九平六　炮4平1　　24.兵九进一

红方多一中兵稍优。

第2局　红七路马盘河对黑左车骑河(二)

1.炮二平五	马8进7	2.马二进三	车9平8
3.车一平二	马2进3	4.兵七进一	卒7进1
5.车二进六	炮8平9	6.车二平三	炮9退1
7.马八进七	士4进5	8.马七进六	炮9平7
9.车三平四	车8进5	10.炮八进二	象3进5
11.炮五平六	卒3进1	12.兵三进一	车8退1
13.兵七进一	象5进3	14.炮八平七	马3进4
15.车四进二	…………		

红方进车捉炮,意在寻求复杂变化。

15.…………　炮2退1　16.炮六进三　炮2平6

黑炮打车,必然之着。如误走卒7进1,则炮六进三,红方优势。

17.炮六平二　卒7进1

黑方过卒吃兵准备弃子抢先,不甘落后的走法。如改走车1平4(如马7进8,则兵三进一,红方优势),则马六进四,马7进8,兵三进一,红方先手。

18.炮二进一　…………

正着。如改走炮二进四,则车1平4,马六进七,马7进6,马三退一,马6进5,相七进五,马5退3,相五进七,车4进3,车九平八,车4平3,车八进九,士5退4,车八退二,炮6平1,车八平三,士4进5,车三退一,象3退5,相七退五,车3进1,黑方优势。

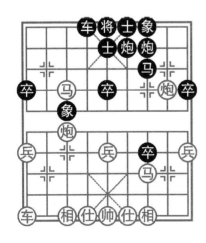

图2

18.…………　车1平4

19.马六进七　卒7进1(图2)

黑方冲卒,正着。

如图2形势,红方有两种走法:(一)马三退一;(二)马三退五。分述如下:

第一种走法:马三退一

20.马三退一　炮6进5

黑方进炮兵线,改进后的走法,实战证明也是行之有效的应对之策。如改走车4进6(如车4进5,则相七进五,马7进6,炮二平三,炮7平9,仕六进五,红方稍好),则车九平八,车4平5,相三进五,炮6进4,炮七退三,炮6进3,车八进九,士5退4,车八退二,红占主动。

21.车九平八　　车4进5

黑如改走炮6平9,则兵五进一,马7进6,炮二平三,象7进5,仕六进五,炮7平9,兵五进一,马6进8,炮三退二,车4进5,相七进五,红方优势。

22.相七进五　　…………

红方飞相既可保炮,又能起到巩固阵势的作用,似无可非议。但也可考虑改走炮七平八,准备沉底展开对攻,似较为积极有力。

22.…………　　马7进6　　23.炮二平三　　象7进5

24.仕六进五　　马6进5　　25.炮七退三　　马5退6

黑方少子占势,形势乐观。

第二种走法:马三退五

20.马三退五　　卒7进1

黑方挺卒,改进后的走法。如改走炮6进7,则车九平八,马7进6,炮二平三,象7进5,炮七平八,车4进8,炮八进五,马6进4,炮八平九,士5退4,车八进九,将5进1,马七进八,将5平6,炮九退一,士6进5,马八退九,将6进1,车八退七,双方对攻,各有顾忌。

21.车九平八　　…………

红方如改走马五进三,则炮7进6,车九进二,红方弃回一子,形成平稳之势。

21.…………　　卒7平6　　22.相三进五　　卒6进1

23.马五进七　　马7进6　　24.炮七平三　　…………

红方如改走炮二平三,则炮7平8,红方右翼受攻。

24.…………　　炮7平8　　25.炮二退一　　炮6进2

黑方有强劲攻势。

第3局　　红七路马盘河对黑左车骑河(三)

1.炮二平五　　马8进7　　2.马二进三　　车9平8

3.车一平二　　马2进3　　4.兵七进一　　卒7进1

5.车二进六　　炮8平9　　6.车二平三　　炮9退1

7.马八进七　　士4进5　　8.马七进六　　炮9平7

9.车三平四　　车8进5　　10.炮八进二　　象3进5

11.炮五平六　　卒3进1　　12.兵三进一　　车8退1

13.兵七进一　　象5进3　　14.炮八平七　　马3进4

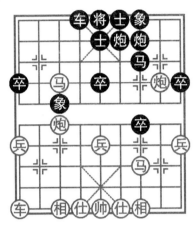

图3

15. 车四进二　　炮2退1

16. 炮六进三　　炮2平6

17. 炮六平二　　卒7进1

18. 炮二进一　　车1平4

19. 马六进七（图3）…………

如图3形势，黑方有两种走法：（一）马7进6；（二）炮6进2。分述如下：

第一种走法：马7进6

19. …………　　马7进6

黑方进马捉炮，有嫌急躁。

20. 炮二平三　　象7进9

21. 相七进五　　卒7进1

22. 马三退一　　马6进5　　23. 车九平七　　马5退6

黑方退马，无奈之着。如改走车4进5拦炮，则炮七平九，红方大占优势。

24. 炮七平一　　…………

红方平炮双捉象，紧凑有力之着。

24. …………　　车4进4　　25. 炮一进三　　士5进6

26. 仕六进五　　士6进5　　27. 炮一进二

红方优势。

第二种走法：炮6进2

19. …………　　炮6进2　　20. 车九平八　　象3退5

21. 车八进五　　车4进3

黑方升车捉马，改进后的走法。以往多走马7退9，则马七进五，象7进5，炮二进三，炮7退1，车八平三，红方优势。

22. 马七进九　　卒7进1　　23. 马三退一　　车4退1

24. 马九进八　　卒1进1

黑方挺边卒，出于无奈。

25. 炮七进三　　卒5进1　　26. 炮七平九

红方多子较优。

第4局　红七路马盘河对黑左车骑河（四）

1. 炮二平五　　马8进7　　2. 马二进三　　车9平8

3. 车一平二　　马2进3　　4. 兵七进一　　卒7进1

5.车二进六　炮8平9　　6.车二平三　炮9退1

7.马八进七　士4进5　　8.马七进六　炮9平7

9.车三平四　车8进5　　10.炮八进二　象3进5

11.炮五平六　卒3进1　　12.兵三进一　车8进3

黑方进车,求变。

13.兵七进一(图4) …………

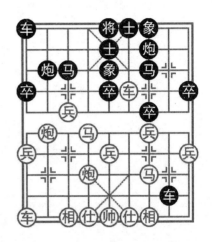

图 4

如图4形势,黑方有两种走法:(一)车8平4;(二)象5进3。分述如下:

第一种走法:车8平4

13.………　车8平4

14.仕四进五　象5进3

15.兵三进一　炮7进3

16.相三进五 …………

红方补相,稳健的走法。如改走车四平三,则炮7进5,马三退二,炮7平4,黑不难走。

16.………　象3退5

黑方应改走炮7平4,以下红方有两种应法:①红如接走马六进四,则马7进6,车四退一,车4平2,炮八平七,象3退5;②红方如接走车四平三,则炮4进3,仕五进六,车1平4,马六进四,车4进7,仕六进五,车4退5,均比实战走法好。

17.车四平三　车1平3　　18.马六进四 …………

红方不贪弃子,策马进取,是机警的走法。如改走车三进一,则马3进4,车三退一,马4进2,红方反而不好。

18.………　车4平2　　19.炮八平三　马7退9

20.车三平一　炮2退1　　21.炮三平一　车3平4

22.车九进二 …………

红方升边车"死马不急吃",老练。

22.………　车4进4　　23.马三进二 …………

黑马必失,红方胜势。

第二种走法:象5进3

13.………　象5进3

黑方直接飞象吃兵,改进后的走法。

14.兵三进一　炮7进3　　15.相七进五 …………

红方飞相,稳健的走法。如改走马三进四,则炮2进1,车四进二,车8退5,马四退五,象3退5,黑方易走。

15．………………　　炮7平4

黑方平炮邀兑,简明有力。如改走车8平2,则炮八平七,象3退5,车四平三,马3进2,马六进四,车2平6,马三进二,红方易走。

16．马六进四　　………………

红方如改走炮六进三,则马3进4,车四平三,象3退5,炮八平七,车8退4,马三进二,车8平7,马六进四,车7退1,马二进三,车1平3,车九平八,炮2进1,马四进三,炮2平7,马三退五,炮7进3,双方大体均势。

16．………………　　马7进6　　17．车四退一　　象3退5

18．仕六进五　　炮2进2　　19．车四进一　　车8退4

20．车四平一　　炮4退4　　21．车一退二

红方稍好。

第5局　红七路马盘河对黑左车骑河(五)

1．炮二平五　　马8进7　　2．马二进三　　车9平8

3．车一平二　　马2进3　　4．兵七进一　　卒7进1

5．车二进六　　炮8平9　　6．车二平三　　炮9退1

7．马八进七　　士4进5　　8．马七进六　　炮9平7

9．车三平四　　车8进5　　10．炮八进二　　象3进5

11．仕四进五(图5)　　………………

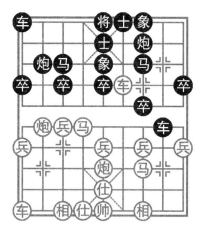

图5

红方补仕,力求变化,符合先手的策略。

如图5形势,黑方有四种走法:(一)卒7进1;(二)炮2退1;(三)车1平3;(四)炮2进1。分述如下:

第一种走法:卒7进1

11．………………　　卒7进1

黑方进7卒急于反击,不是好的选择。

12．马六进七　　车8进1

13．炮八平三　　车8平7

黑方如改走炮7进4,则兵三进一,车8平7,车九平八,车1平2,炮五平七,红方优势。

－8－

14.炮三进四　　马7进8　　15.车四退一　　车7退5

16.车四平二　　车7进6　　17.车九平八　　车1平2

18.马七进九　　…………

红方马跳边路,既可破坏黑方的子力结构,又可为七路兵的挺进开辟道路,取势要着。

18.…………　　车2进1　　19.兵七进一　　马3退2

20.兵七进一　　…………

红方进卒林车完全压制住黑方右翼车马炮三个子力,黑方将面临严厉的打击。

20.…………　　马2进4

黑方如改走炮2平3,则兵七平八,黑方难应。

21.车八进六　　炮2平3　　22.相七进九　　车2进2

23.兵七平八　　车7进2　　24.仕五退四　　车7退3

25.车二平六　　车7平5　　26.相九进七　　…………

以往红方曾走相九退七,炮3平4,车六进一(也可马九退七得子),卒5进1,马九进七,车5平3,兵八平七,车3进3,炮五平九,卒5进1,炮九进四,卒9进1,炮九进二,将5平4,炮九进一,车3退4,兵七进一,将4平5,兵七平六,士5进4,马七退八,车3平2,车六平七,将5进1,炮九退一,马4进2,车七进二,将5退1,马八进六,将5平4,车七平八,红胜。

26.…………　　炮3平4　　27.马九退七

红方优势。

第二种走法:炮2退1

11.…………　　炮2退1

黑方退右炮,双炮结成连环,稳健的走法。

12.炮五平六　　卒7进1

黑方挺卒意在打通卒林线,针对性较强的走法。

13.兵三进一　　…………

红方挺兵吃卒,正着。如改走马六进七,则车8进1,兵三进一,马7进8,黑方伏有反击手段,红方得不偿失。

13.…………　　车8平7　　14.相七进五　　车7退1

15.马三进四　　炮2平4

黑方兑炮,正确的选择。

16.炮六进六　　炮7平4　　17.车四平三　　车7退1

18.马四进三　车1平2　　19.车九平八　车2进4

黑方高车巡河嫌软,应改走车2进3或炮4进2为宜。

20.兵七进一　…………

红方冲兵胁车精巧,也是夺取优势的关键。

20.…………　车2平3　　21.炮八进四　车3平7

22.马六进八　车7退1　　23.马八进七　炮4退1

24.马七进九　炮4平2

黑方平炮打车失算,应改走车7进1,红如接走炮八进一,则象5退3,马九进七,车7平4,马七退八,炮4进1,黑方尚可抗衡。

25.炮八平六　炮2平4　　26.炮六退二　卒5进1

黑方应改走车7进1,较为顽强。

27.炮六平九　炮4进3　　28.车八进九　士5退4

29.马九退七

红方胜势。

第三种走法:车1平3

11.…………　车1平3

黑方平象位车,伺机而动。

12.炮五平六　…………

红方如改走炮五平七,则卒3进1,兵三进一,马3进4,马三进二,马4退6,兵三进一,炮7进3,黑方优势。

12.…………　卒3进1　　13.兵三进一　车8退1

14.兵七进一　马3进4

黑方如改走卒7进1,则兵七进一,红方优势。

15.炮六进三　车8进3

黑方如改走卒7进1,则车四进二,红方优势。

16.相七进五　车8平7　　17.车九平七　象5进3

18.马六进四　炮7平8　　19.车四平二　马7进6

20.车二进二　马6进5　　21.炮六退三　车7退1

22.车二退二

双方大体均势。

第四种走法:炮2进1

11.…………　炮2进1

黑方2路炮高一步对红卒林车有威慑力,着法含蓄。

12.车四退四　车8退3

黑方左车选点正确,如改走车8进1,则炮五平六,炮2退2,相七进五,卒1进1,马六进七,炮2平3,马七进五,象7进5,炮八进三,马3进4,炮八平三,红方优势。

13.炮五平七　马7进8　　14.车四进二　马8进7

15.相七进五　车8平6　　16.车四进三　士5进6

17.炮八退一　…………

红方退炮欲打开僵局,不如改走兵九进一比较稳健。

17.…………　马7退8　　18.马三进四　炮2进2

19.马四进五　马3进5　　20.马六进五　车1平4

红车晚出,黑方反夺先手。

第6局　红七路马盘河对黑左车骑河(六)

1.炮二平五　马8进7　　2.马二进三　车9平8

3.车一平二　马2进3　　4.兵七进一　卒7进1

5.车二进六　炮8平9　　6.车二平三　炮9退1

7.马八进七　士4进5　　8.马七进六　炮9平7

9.车三平四　车8进5　　10.炮八进二　车8进3(图6)

黑方进车下二路,求变之着。

如图6形势,红方有两种走法:(一)炮八平九;(二)马三退五。分述如下:

第一种走法:炮八平九

11.炮八平九　…………

红方平炮攻车,意图逼黑方兑去右炮后,可伺机威胁黑方左翼。

11.…………　车1平2

12.炮五平八　炮2平1

13.炮九进三　象3进1

14.炮八平六　…………

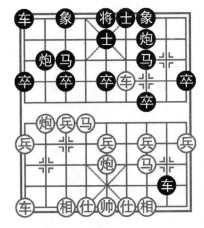

图6

红方也可改走车九平八,黑如接走车8平4,则马六进七,马7进8,车四平二,马8进7,车二平三,车4退1,炮八进四,红方先手。

14.…………　象7进5　　15.相七进五　象1退3

黑方如改走车2进6,则仕六进五,车2平4,马六进七,象1退3,车四进二,炮7退1,车九平八,红方优势。

16.仕六进五　马7进8　　17.车四平三　炮7退1

18.马六进七　…………

红方如改走炮六平七,则马8进7,车九平六,车2进7,黑势不错。

18.…………　马8进7　　19.炮六退一　车8退6

20.车九平六　车8平6　　21.炮六平七　炮7进2

22.车六进八　马7退8　　23.马七退六　马8退9

24.炮七进六　马9进7　　25.炮七平四　炮7退1

26.车六退三　士5进6　　27.马三进四

红方主动。

第二种走法:马三退五

11.马三退五　象3进5　　12.炮五平六　…………

红方应改走炮八退三,黑方若接走车8退2(如车8进3,则马五进七,卒7进1,炮八平三,红方易走),则马五进七,车8平7,炮八平七,车1平2,车九平八,红方子力灵活占优。

12.…………　炮2进1　　13.车四退三　…………

红方可考虑改走车四退二。

13.…………　马7进8　　14.马六进四　车1平4

15.车九进二　车4进4　　16.马四退六　…………

红方退马嫌软,应改走兵五进一,黑如接走卒7进1,则马四进二,炮2退2,兵三进一,车8平6,炮六平三,红方足可抗衡。

16.…………　车4平5　　17.相三进五　…………

局面被动的根源之所在。红方仍应改走马六进四伏兵五进一捉车,尚可抗衡。

17.…………　炮7进5　　18.炮八退三　车8退2

19.马六进七　车5平4　　20.马五进三　卒7进1

黑方优势。

第7局　红七路马盘河对黑左车骑河(七)

1.炮二平五　马8进7　　2.马二进三　车9平8

3.车一平二　马2进3　　4.兵七进一　卒7进1

5.车二进六　炮8平9　　6.车二平三　炮9退1

7.马八进七　士4进5　　8.马七进六　炮9平7

9.车三平四　车8进5　　10.炮八进二　象3进5

11.炮五平六　卒3进1　　12.兵三进一　车8退1

13.兵七进一　象5进3　　14.炮八平九　…………

红方平炮打车,创新的走法。

14.…………　车1平2　　15.炮九平七(图7)　…………

如图7形势,黑方有两种走法:(一)马3进2;(二)炮2进1。分述如下:

第一种走法:马3进2

15.…………　马3进2

黑方如改走马3进4,则车四进二,炮2退1,车九平八,红方易走。

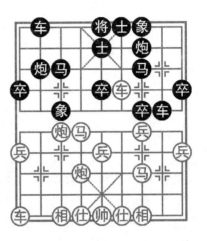

图 7

16.炮七退三　炮2进1

黑方进炮打车,试探红方应手。可考虑改走卒7进1弃马,红如接走马六进八,则炮2平4,马八退七,车2进6,马七退五,车8平6,车四平二,车6平8,车二平四,车8平6,双方不变作和。

17.车四进二　炮2退2

18.炮六平八　…………

红方献炮巧妙,是夺取优势的关键。

18.…………　炮2平6

黑方平炮打车,出于无奈。如改走炮2进6吃炮,则车四平三,也是红方易走。

19.炮八进七　马2退1　　20.车九平八　卒7进1

黑方如改走马1退2去炮,则车八进九,士5退4,车八退二,红方易走。

21.炮八平九　车8平4　　22.车八进四　车4退3

黑方应改走士5进4,较为顽强。

23.车八进五　车4退1　　24.马六进八　…………

红方进马弃车,精妙绝伦！由此红方渐入佳境。

24.…………　马1退2　　25.炮七平八　士5进4

26.炮八进八　将5进1　　27.炮九平六

红方多子占优。

第二种走法:炮2进1

15.…………… 炮2进1

黑方进炮打车,试探红方应手。

16.车四退四 …………

红方如改走车四进二,则炮2退2,车四退二,马3进4,炮六进三,卒7进1,黑方反夺主动。

16.………… 马3进2   17.马六进四 马7进6

18.车四进三 象7进5   19.马三进四 车8进4

20.马四进六 卒7进1   21.相七进五 马2进3

22.炮六平八 炮2平3   23.炮八平七 炮3进2

24.炮七进二 车2进6   25.车九平七

和势。

第8局 红七路马盘河对黑左车骑河(八)

1.炮二平五 马8进7   2.马二进三 车9平8

3.车一平二 马2进3   4.兵七进一 卒7进1

5.车二进六 炮8平9   6.车二平三 炮9退1

7.马八进七 士4进5   8.马七进六 炮9平7

9.车三平四 车8进5   10.炮八进二 象3进5

11.炮五平六 卒3进1   12.炮八平九 …………

红方平边炮打车,意图打乱黑方阵形。

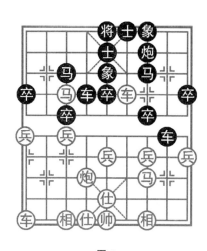

图8

12.………… 炮2平1

黑方平炮兑车,正着。

13.马六进七 炮1进3

14.兵九进一 车1平4

15.仕四进五 车4进3(图8)

如图8形势,红方有两种走法:(一)兵七进一;(二)兵三进一。分述如下:

第一种走法:兵七进一

16.兵七进一 车8平3

17.车四进二 炮7平9

18.车四平三 车3退1

19.马七进九 马3进2

20.兵九进一　…………

红方挺边兵,佳着。如改走车三退一,则马2退1,兵三进一,双方平稳。

20.…………　马2退1　　21.兵九进一　马1退2

22.车三退一　马2进3　　23.兵九进一

红方稍好。

第二种走法:兵三进一

16.兵三进一　…………

红方弃三路兵拦车,改进后的走法。

16.…………　车8退1

黑方退车,无奈。如改走车8平7吃兵,则相七进五,车7进1,兵七进一,红方优势。

17.马七进九　…………

红方如改走车四进二,则车4平3,车四平三,马7进6,兵三进一,车8平7,车三退三,象5进7,炮六平七,马6进4,炮七退一,象7退5,兵五进一,马3退1,相七进五,车3平2,车九进三,马1退3,车九平七,马3进4,兵七进一,前马进2,兵七平六,马2进3,车七退二,车2进2,车七进五,车2平5,车七平九,红方较优。

17.…………　马3进2

黑方进马嫌软,应改走卒7进1为宜。

18.车四进二　炮7平9

黑方如改走马2退1,则车四平三,马7进6,兵三进一,车8平7,车三退三,象5进7,兵七进一,红方优势。

19.马九进七　车4退2　　20.马七退八　卒7进1

21.兵九进一　马2进3　　22.兵九平八　马3进2

23.车九进六　马2退4　　24.仕五进六　车4进6

25.仕六进五　车4进1　　26.马八进七

红方优势。

第9局　红七路马盘河对黑左车骑河(九)

1.炮二平五　马8进7　　2.马二进三　车9平8

3.车一平二　马2进3　　4.兵七进一　卒7进1

5.车二进六　炮8平9　　6.车二平三　炮9退1

7.马八进七　士4进5　　8.马七进六　炮9平7

9.车三平四　车8进5　　10.炮八进二　象3进5

11.炮五平六　卒3进1　　12.炮八平九　车1平3

黑平象位车,着法含蓄。

13.车九平八(图9)…………

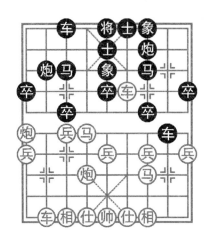

图9

红方如改走兵三进一,则马3进4(如炮8退1,则兵七进一,卒7进1,兵七进一,卒7进1,马三退五,马3退4,相七进五,卒1进1,炮九平七,车3平1,炮七退三,卒1进1,马五进七,卒1进1,兵七进一,马4进3,炮七进六,红方优势),炮六进三,车8进2,车九进二,卒7进1,车四进二,卒3进1,车四平三,卒7进1,炮六进二,马7进8,马六进四,车8平7,黑方优势。

如图9形势,黑方有两种走法:(一)卒1进1;(二)炮2退1。分述如下:

第一种走法:卒1进1

13.…………　卒1进1

14.兵三进一　车8平7　　15.相七进五　车7进1

16.兵七进一　卒1进1　　17.车八进七　马7进8

18.车四平二　…………

红方平车捉马,是简化局势、扩大优势的好棋。

18.…………　马8进9　　19.马三进一　车7平9

20.车二平三　炮7平8　　21.兵七进一　马3退4

22.车三平五　卒1进1　　23.炮六平七　车3平1

24.马六进四

红方优势。

第二种走法:炮2退1

13.…………　炮2退1　　14.兵三进一　…………

红方如改走马六进五,则车8平3,黑方可以抗衡。

14.…………　马3进4

黑方跃马炮口,着法积极。如改走车8退1,则兵七进一,卒7进1,兵七进一,马3进4,相七进五,卒7进1,马三退五,对攻中红方易走。

15.炮六进三　…………

红方进炮打马,有嫌软弱。应改走马三进二吃车,黑如接走马4退6,则兵三进一,卒3进1,马六进四,卒1进1,兵三进一,卒1进1,车八进五,红方易走。

15.…………　车8进2　　16.兵七进一　车8平7

17.相七进五　车3进4　　18.炮六进二　马7进8

19.马六进五　车3退1　　20.炮六进一　…………

红方如改走炮六平九,则卒7进1,车四退一,车3平5,车四平二,车5进3,红无便宜。

20.…………　炮7平4　　21.车八进八　炮4退1

黑方略好。

第10局　红七路马盘河对黑左车骑河(十)

1.炮二平五　马8进7　　2.马二进三　车9平8

3.车一平二　马2进3　　4.兵七进一　卒7进1

5.车二进六　炮8平9　　6.车二平三　炮9退1

7.马八进七　士4进5　　8.马七进六　炮9平7

9.车三平四　车8进5　　10.炮八进二　象3进5

11.炮五平六　卒3进1　　12.炮八平九　车1平2

13.车九平八(图10)　…………

红方平车,正着。如改走兵三进一(如马六进五,则马3进4,车四进二,车8退3,黑方反先),则车8退1,兵七进一,象5进3,炮九平七,炮2进1,车四退五,象3退5,马六进七,卒7进1,炮七进三,马7进6,马三退一,炮7进2,马七退八,马6进4,黑方弃子有攻势。

如图10形势,黑方有两种走法:(一)卒3进1;(二)炮2进1。分述如下:

第一种走法:卒3进1

13.…………　卒3进1

黑方如改走卒1进1,则马六进五,红方优势。

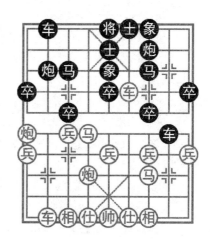

图 10

14.马六进五　马3进4　　15.炮九平二　…………

红方平炮打车,正着。如改走车四进二,则车8退3,马五进三,卒3平2,炮六平八,车8平7,红方失子,黑方胜势。

15.…………　　马4退6　　16.马五进七　　车2进1

17.车八进六　　马6退4　　18.兵五进一　　马7进6

黑方进马,新的尝试。如改走卒3进1,则炮六进四,炮2平1,车八平九,卒7进1,兵三进一,马7进6,兵五进一,车2进1,马七退六,炮7进2,车九退二,马6进8,马三进二,炮7进6,仕四进五,卒3平2,车九平八,车2进3,马六退八,红方优势。

19.炮二进四　　马6进7　　20.马三进五　　卒3进1

21.炮六平三　　马4进3　　22.马七退六　　车2平4

23.马六进四　　炮7平6　　24.马五退四　　马3进2

25.车八进一　　马2进3　　26.帅五进一　　车4进8

27.后马进三　　马3退4　　28.炮三平六　　…………

红方平炮,出于无奈。如改走帅五进一,则马4退6,帅五退一,马6进7,帅五进一,车4平5,帅五平六,卒3进1,帅六退一,马7退5,马三退五,卒3进1,帅六进一,马5退3,黑胜。

28.…………　　车4退2　　29.帅五退一　　车4进1

黑方胜势。

第二种走法:炮2进1

13.…………　　炮2进1　　14.车四进二　　炮2退2

15.车四退六　　…………

红方如改走车四退二,则卒3进1,马六进五,马3进4,炮九平二,马4退6,黑方反先。

15.…………　　卒1进1　　16.马六进五　　卒1进1

17.马五进七　　车2平3

黑方可改走车2平1,红方若接走炮六进六,则炮7平4,车八进八,车8平4,兵七进一,象5进3,黑方反先。

18.马七退九　　炮2平4　　19.兵七进一　　卒1进1

20.车四进四　　象5进3　　21.兵三进一　　…………

红方应改走相七进五,巩固阵势为宜。

21.…………　　车8退1　　22.兵三进一　　车8平7

23.相三进五　　车7进2　　24.仕四进五　　象3退5

25.车八进五　　炮4退1　　26.兵一进一　　炮4进2

黑方满意。

第11局 红七路马盘河对黑左车骑河（十一）

1.炮二平五 马8进7 2.马二进三 车9平8

3.车一平二 马2进3 4.兵七进一 卒7进1

5.车二进六 炮8平9 6.车二平三 炮9退1

7.马八进七 士4进5 8.马七进六 炮9平7

9.车三平四 车8进5 10.炮八进二 象3进5

11.车九进一 ……………

红高左横车,另辟蹊径。如改走车九进二,则炮2退1,马六进五,车8平3,车四退二,车3平6,马五退四,车1平4,炮八平五,炮2进4,炮五进一,车4进5,前炮退一,车4退5,炮五进一,车4进5,前炮退一,卒3进1,车九平八,卒3进1,相七进九,马3进4,马四退二,卒3进1,仕四进五,炮2进1,黑方子力灵活且有卒过河占优。

11.……………卒7进1

黑方冲7卒反击,改进后的走法。

12.马六进七 ……………

红方如改走兵三进一,则车8平7,马三进四,马7进8,车四平三,车7退2,马四进三,炮7进8,仕四进五,炮2进2,黑方满意。

12.…………… 车1平4 13.车九平七(图11) ……………

红方车九平七准备在黑方3路线突破,是近年比较流行的走法。

以往红方多走兵三进一,则车8进1,车四退四,车8平7,车九平七,车4进6,相三进一,车4平2,车七平二,炮2退1,红方子力受制,黑方伏有炮2平3恶手,红方不好应付。

如图11形势,黑方有两种走法:(一)卒7平6;(二)马7进8。分述如下:

第一种走法:卒7平6

13.…………… 卒7平6

黑方如改走炮2退1,则炮五平七,马7进8,车四平二,车8进1,马三退一,车8平7,车二退一,红方多子占优。

14.车四退二 车8平6

15.炮八平四 马7进8

16.炮四平三 炮2进5

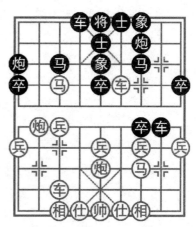

图11

17.车七进一　炮2平5　18.车七平五　车4进6

19.车五平七　炮7进2

黑方进炮打马失算,被红方乘机巧过一兵。

20.兵七进一　马8进6　21.马七进九　…………

红方进边马,有力一击。

21.…………　马6进7　22.车七平三　卒5进1

23.车三平四　…………

红方平车占肋,取势要着。

23.…………　马3进5　24.车四进四　炮7退1

25.马九进七　车4退5　26.车四平五　车4平3

27.兵七进一

红方大占优势。

第二种走法:马7进8

13.…………　马7进8

黑方进马捉车,着法积极。

14.车四平二　…………

红方如改走车四平三,则马8退9,车三退二,车8退1,炮五平七,炮2进2,黑有反击手段。

14.…………　炮7进5　15.相三进一　马8进6

16.车二退二　马6进5　17.相七进五　卒7平8

18.炮八平二　车4进7　19.相一退三　炮2进7

20.仕六进五　车4平2　21.兵九进一　…………

红方挺边兵,必然之着。

21.…………　炮2平1　22.仕五进六　车2进2

23.帅五进一　车2退5

黑方易走。

第12局　红七路马盘河对黑左车骑河(十二)

1.炮二平五　马8进7　2.马二进三　车9平8

3.车一平二　马2进3　4.兵七进一　卒7进1

5.车二进六　炮8平9　6.车二平三　炮9退1

7.马八进七　士4进5　8.马七进六　炮9平7

9.车三平四　车8进5　10.炮八进二　象3进5

11.车九进一(图12) …………

如图12形势,黑方有六种走法:(一)卒3进1;(二)车1平3;(三)炮2进1;(四)炮2退1;(五)车1平4;(六)车8进1。分述如下:

第一种走法:卒3进1

11.………　　卒3进1

黑方挺3卒急于反击,实战效果欠佳。

12.马六进五　　车8平3

黑方如改走马3进4,则车四进三,士5退6,炮八平二,红方易走。

13.马五进七　　车3平2

黑方如改走车1平7,则红方有马七进五踩士的手段,红方优势。

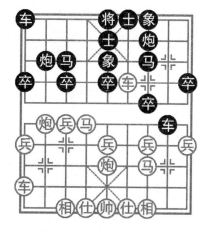

图 12

14.车四进二　　炮7平9　　15.马七进五　…………

红方马踏中士,黑方难以应付。

15.………　　炮9平5

黑方如改走士6进5,则炮五进五,将5平4,车九平六,炮2平4,车四平五,炮4进3,车五平四,也是红方优势。

16.炮五进五　　炮5平1　　17.炮五退三

红方弃子攻杀,大占优势。

第二种走法:车1平3

11.………　　车1平3　　12.炮五平七　…………

红方平炮,牵制黑方右翼。亦可改走车九平六,黑如接走车8进1,则炮五平七,车3平4,炮七平六,车4平3,相三进五,红方优势。

12.………　　卒3进1　　13.兵三进一　…………

红方如改走相三进五,则卒3进1,相五进七,马3进4,炮七进七,象5退3,车四退四,马4进2,兵三进一,车8平7,马三进四,炮7平6,相七进五,炮6进6,相五进三,卒7进1,车九平三,卒7平6,车三进六,双方大体均势。

13.………　　马3进4　　14.马三进二　　马4退6

15.兵三进一　　炮7进3　　16.车九平三　　马6进8

17.相三进五　　车3平4　　18.炮七进三

红方稍优。

第三种走法：炮2进1

11.…………　炮2进1　12.车四退四　车8退1

黑方退车嫌软，应改走车8进1为宜。

13.炮五平六　…………

红方卸炮调整阵形，正着。

13.…………　炮2退2　14.相三进五　卒7进1

15.兵三进一　卒3进1　16.车九平七　…………

红方顺势开出左车，着法细腻。

16.…………　卒3进1　17.车九进三　马3进2

18.炮八进四　炮7平2　19.车四进四　…………

红方进车卒林，准备威胁黑方左马，着法有力。

19.…………　马2进4　20.车七平六　炮2进1

21.车四平三

红方多兵占优。

第四种走法：炮2退1

11.…………　炮2退1　12.炮五平七　…………

红方如改走车九平七，则车8进1，炮五平七，卒7进1，兵三进一，马7进8，兵三进一，炮7进6，兵三平二，车8平5，炮七平五，车5平2，车四平三，炮7平8，车七平二，车2退1，车二进一，车2平3，马六进四，车3进4，形成双方各有顾忌的对攻局面。

12.…………　卒3进1　13.兵三进一　马3进4

黑方如改走车8退1，则兵七进一，红方优势。

14.车四退四　车8进1　15.兵七进一　象5进3

16.兵三进一　象3退5　17.炮八进三　车8平5

18.马六退五　象5进7　19.车九平六　车1平4

黑方应改走车5退2为宜。

20.车六进三　马4进2　21.车六进五　将5平4

22.车四进二　车5平4　23.车四平七　马2进3

24.车七进五　将4进1　25.车七退七

红方优势。

第五种走法：车1平4

11.…………　车1平4　12.炮五平六　车4进5

黑方一车换双，势在必行。

13. 炮八平六　　车8平4　　14. 仕四进五　　炮2退1

15. 相三进五　　卒3进1　　16. 兵七进一　　象5进3

17. 车九平八　　象3退5　　18. 车八进六　　马3进4

19. 车四平二

红方稍好。

第六种走法：车8进1

11. …………　　车8进1

黑方进车换兵，准备通过攻击红方右马来取得局势的均衡。

12. 炮五平七　　…………

红方卸炮，准备调整阵形。也可改走马三退五，卒7进1，兵三进一，车8平5，马五进七，车5平3，车四退三，车3平6，马六退四，马7进6，兵三进一，炮7进8，仕四进五，象5进7，炮五平四，红方稍优。

12. …………　　卒7进1

黑方献7卒，打通兵线要道，必走之着。否则红方相七进五补子后，黑方难有反击机会。

13. 兵三进一　　马7进8　　14. 兵三进一　　炮7进6

15. 兵三平二　　车8平5　　16. 炮七平五　　车5平2

17. 车九平三　　炮7平8　　18. 车四进二　　…………

红方进车舍炮塞象眼，伏有弃车取势的手段。

18. …………　　炮2退1

黑方如改走车2退1吃炮，则马六进七，车2平3，马七进五，红方迅速入局。

19. 炮五进五　　将5平4　　20. 车四退五　　象7进5

黑方如改走车2平6(如车2退1，则车三进八，车2平3，车四平六，炮2平4，马六进四，红方下伏炮五平一手段，黑方难以应付)，则马六退四，象7进5，马四退二，红方得象且有过河兵占优。

21. 车四平八　　炮2进5　　22. 车三进二　　炮2进3

23. 马六进四　　车1进1

黑方高车，顽强的应法。如改走象5退7，则炮八退二，车1平2，炮八平三，车2进4，炮三进七，将4进1，车四平六，士5进4，兵七进一，红方大占优势。

24. 炮八退二

红方优势。

第13局　红七路马盘河对黑飞右象(一)

1.炮二平五　马8进7　　2.马二进三　车9平8

3.车一平二　马2进3　　4.兵七进一　卒7进1

5.车二进六　炮8平9　　6.车二平三　炮9退1

7.马八进七　士4进5　　8.马七进六　炮9平7

9.车三平四　象3进5

黑方飞右象,巩固中防。

10.炮八平六　…………

红方平仕角炮,是近年来较为流行的一种走法。

以往红方多走炮八平七,车8进5,车九平八(如兵三进一,则车8平7,马三进四,炮2进3,相三进一,车7平8,炮五平三,车1平4,炮三进五,车4进5,马四退三,车8退3,炮三平七,车4退3,车四平三,炮2退4,车九平八,车4平3,相七进五,车3平4,仕六进五,车8进4,黑方足可抗衡),车1平2,兵三进一,车8平7,马三进四,炮2进3,相三进一,车7平8,炮五平三,炮2平4,车八进九,马3退2,炮三进五,炮4退2,车四进二,炮7平9,炮七平三,炮9进5,双方对攻,各有顾忌。

10.…………　车8进5　　11.车九平八　…………

红方出车捉炮,抢先之着。如改走兵三进一,则车8平7,马三进四,炮2进3,相三进一,车7平8,炮五平三,马7进8,炮三进六,炮2平4,马四进六,炮4进4,帅五平六,车8平4,黑方弃子夺势。

11.…………　车8平4

黑车吃马交换,正着。如改走车1平2,则兵三进·,车8平7,马三进四,炮2进3,以下红方有两种走法:①马六进五,马3进5,马四进五,马7进5,炮五进四,车7平3,车八进三,卒7进1,相三进五,车3平4,仕四进五,卒3进1,炮五退一,红方稍优;②相三进一,车7平8,马六进五,马7进5,马四进五,马3进5,炮五进四,车7平3,车八进三,红方优势。

12.车八进七　车1平3

黑方平车保马,正着。如改走车4进2,则车八平七,车1平4,仕四进五,前车退5,车七平六,车4进2,车四进二,炮7平9,车四平三,象5退3,车三进一,红方得象,大占优势。

13.仕四进五　…………

红方补仕,正着。如改走车四进二,则车4进2,车四平三,马7进6,兵三进

一、车4退2,红方难讨便宜。

13.………………　　马7进8

14.车四平三　　炮7进1

黑方炮7进1,实战效果欠佳。

15.车八退四(图13)………………

红方退车兵线,准备冲中兵攻击黑方中路。

如图13形势,黑方有两种走法:(一)炮7平9;(二)卒3进1。分述如下:

第一种走法:炮7平9

15.………………　　炮7平9

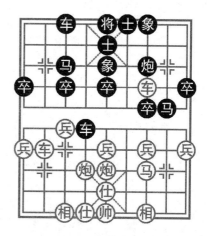

图 13

黑方另有两种走法:①炮7平6,兵五进一,马8退9(如车3平2,则车八平五,马8退9,车三平一,红优),车三平一,红方主动。②车4平3,兵五进一,车3进4,车八平五,炮7平6,兵五进一,卒5进1,炮五进三,红方优势。

16.兵五进一　　马8进9　　17.车八平四　　马9进7

18.炮六平三　　炮9平6

黑平士角炮,防止红方车四进五塞象眼,必走之着。

19.炮三平四　　炮6进5　　20.车四退一　　车3平2

黑方如改走车4平5,则车四进六,象7进9,车三进一,马3退4,车三平一,车5平8,车一进二,红方胜势。

21.兵五进一　　车4平5　　22.车四进六　　………………

红方进车塞象眼,着法凶悍。

22.………………　　车2进6　　23.炮五平四　　车2平7

24.相七进五　　车7平8　　25.车三进三　　车8进3

26.炮四退二　　车8退8　　27.车三平四　　士5退6

28.车四平二　　车5退1　　29.车二平七　　马3退5

30.车七退二

红方优势。

第二种走法:卒3进1

15.………………　　卒3进1

黑方冲兑3卒,采用先弃后取的战术手段,改进后的走法。

16.兵七进一　　车4平3　　17.兵五进一　　………………

— 25 —

红方应改走炮六进三,卒7进1(如马3进4,则兵七平六,红方优势),兵三进一,前车退1,炮六退三,红方易走。

17.………… 前车退1 18.车八平四 卒9进1

黑方挺边卒嫌缓,应改走后车平4为宜。

19.车四进五 后车平4 20.炮五进一 …………

红方进炮,保持变化。如改走兵五进一(如车四平二,则炮7平6,车二退三,炮6进4,黑方弃子有攻势)则车3平5,炮五进一,车4进6,炮六平五,车5进2,马三进五,车4平5,车四平二,马8进7,车三进一,马7进5,相七进五,车5平9,车二平四,马3退4,兵九进一,车9退1,车三进二,车9平1,和势。

20.………… 车4进6 21.炮六平五 卒7进1

黑方弃卒,势在必行。

22.兵三进一 马8进9 23.马三进一 …………

红方如改走车三进一,则马9进7,前炮进三,马7进5,帅五平四,车4进3,帅四进一,将5平4,黑方将捷足先登。

23.………… 车4平5 24.车三进一 车5平9

25.车三平五 …………

红方应改走兵五进一,黑如接走车3平5,则可车三平五吃象。

25.………… 车9进3

双方对攻,各有顾忌。

第14局　红七路马盘河对黑飞右象(二)

1.炮二平五 马8进7 　　2.马二进三 车9平8

3.车一平二 马2进3 　　4.兵七进一 卒7进1

5.车二进六 炮8平9 　　6.车二平三 炮9退1

7.马八进七 士4进5 　　8.马七进六 炮9平7

9.车三平四 象3进5 　　10.炮八平六 车8进5

11.车九平八 车8平4 　　12.车八进七 车1平3

13.仕四进五 马7进8 　　14.车四平三 炮7平9

15.炮五平四(图14) …………

红方炮五平四卸中炮,一是避开黑方马8进7换炮的手段,二是伏有炮四进六塞象眼的攻着,是积极进取的走法。如改走车三平一,则炮9进1,车一退二,车4平9,兵一进一,马8进7,兵一进一,红方虽略好,但局面比较平稳。

如图14形势,黑方有两种走法:(一)炮9进1;(二)马8进9。分述如下:

第一种走法：炮9进1

15.……………　炮9进1

16.炮四进六　炮9平7

黑方平炮嫌软，可考虑改走卒3进1，车三进三，车4平6，双方对抢先手。

17.车八退一　车4平3

18.相三进五　前车平6

19.炮四平二　卒3进1

20.兵三进一　车6退1

21.炮二退二　…………

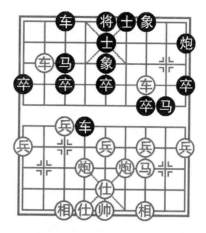

图 14

红应直接走兵三进一，黑如接走车6平7（如炮7进2，则车八退二，炮7进2，炮六平七），则车三退一，象5进7，马三进四，马8进7，炮六平七，马7退6，马四进六，车3平2，车八平七，马退4，炮二进一，马6进4，炮七平六，后马进5，车七平五，红方大占优势。

21.……………　炮7平6　　22.兵三进一　车6平7

23.车三退一　象5进7　　24.马三进四　马8进7

25.马四进五　象7退5　　26.马五退六　车3平2

27.车八进三　马3退2　　28.相五进三　马7进6

29.马六进四

红方优势。

第二种走法：马8进9

15.……………　马8进9　　16.车三平一　马9进8

17.炮四退一　…………

红方退炮避免交换，改进后的走法。如改走车一进二，则马8退6，帅五平四，马6进7，车一平四，车4平9，相七进五，马7退9，兵三进一，卒7进1，马三退一，车9进3，相五进三，车9进1，帅四进一，马3退4，双方各有顾忌。

17.……………　炮9进1　　18.炮四平三　卒3进1

19.兵七进一　马3进4　　20.车八退四　马4进6

21.车一平二　…………

针对黑方马位不佳、易受攻击的弱点，红方平车提马，好棋！

21.……………　马8退7　　22.炮三进二　马6进7

23.相三进五　马7进9　　24.车二退五　车4平9

27

25.兵七平六　士5退4　　26.兵五进一　士6进5

27.炮三退二

红方优势。

第15局　红七路马盘河对黑飞右象(三)

1.炮二平五　马8进7　　2.马二进三　车9平8

3.车一平二　马2进3　　4.兵七进一　卒7进1

5.车二进六　炮8平9　　6.车二平三　炮9退1

7.马八进七　士4进5　　8.马七进六　炮9平7

9.车三平四　象3进5　　10.炮八平六　车8进5

11.车九平八　车8平4　　12.车八进七　车1平3

13.仕四进五　马7进8　　14.车四平三　炮7平9(图15)

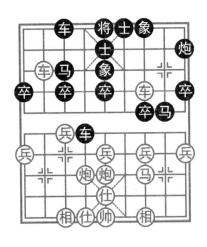

图15

红方略好。

第二种走法:车八退四

15.车八退四　…………

红方退车兵线,创新之着。

15.…………　马8进7　　16.炮五平四　车3平2

17.车八平七　…………

红方平车避兑,有嫌软弱。应改走车八进六,马3退2,车三平一,炮9进1,车一平五,车4平3,炮四进六,马7退6,相三进五,红方优势。

如图15形势,红方有两种走法:(一)车三平一;(二)车八退四。分述如下:

第一种走法:车三平一

15.车三平一　炮9进1

16.车一退二　…………

红方如改走炮五平四,则马8进7,相七进五,卒3进1,兵七进一,马3进4,车八进一,马4进6,炮四进七,士5退6,车八平四,车3进4,车一平四,士6进5,后车退二,车4平6,车四退四,红方优势。

16.…………　车4平9

17.兵一进一　马8进7

18.兵一进一

17.………… 马7退6

黑应改走车2进4为宜。

18.兵五进一 …………

红方冲中兵,好棋!攻击点选择准确。如改走车三平四,则车2进4,兵七进一,车2平3,车七进二,卒3进1,车四退一,卒3进1,黑方弃子可以抗衡。

18.………… 车2进4 19.车七平四 车4退1

20.车三平四 马6退4 21.前车进二 卒7进1

黑方弃卒,无奈。如改走炮9进1,则马三进二,也是红方大占优势。

22.炮六进四 炮9进1 23.炮六平一

红方多子胜势。

第16局 红七路马盘河对黑飞左象

1.炮二平五 马8进7 2.马二进三 车9平8

3.车一平二 马2进3 4.兵七进一 卒7进1

5.车二进六 炮8平9 6.车二平三 炮9退1

7.马八进七 士4进5 8.马七进六 炮9平7

9.车三平四 象7进5

黑方飞左象,可使7路炮留有退路。

10.车九进一 …………

红方左横车,意在策应过河车及河头马组织进攻。也可改走炮五平六,再伺机补相调整阵形。

10.………… 车1进1(图16)

黑方右横车,意在消除飞左象后右车出路不畅的弱点,如改走炮2进4,则兵五进一,炮2退1,马六进七,炮2平5,马三进五,红方易走。

如图16形势,红方有五种走法:(一)炮五平六;(二)炮八平七;(三)炮八平九;(四)马三退五;(五)马六进七。分述如下:

第一种走法:炮五平六

11.炮五平六 炮2进4

黑方右炮过河,力求反击。

12.相三进五 炮2平7

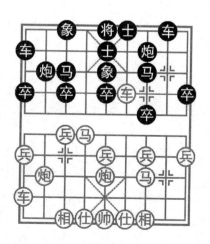

图 16

13.车四进二 …………

红方进车捉炮,改进后的走法。

以往红方曾走车九平八,卒3进1,兵七进一,象5进3,炮六平七,车1平4,炮七进五,车4进4,车四进二,炮7平9,炮八进七,士5退4,车八进五,车8进7,炮七平九,车4退3,炮九平三,炮7退4,车八平五,象3退5,车五平四,士6进5,前车平一,红方优势。

13.………… 车1平2

黑方出车捉炮授人以隙,应改走士5退4为宜。

14.车九平八 车2进2 15.车四平三 马7进6

16.车三平四 马6进4 17.车四退四 马4进5

18.相七进五 炮7平1 19.车四平六

红方多子占优。

第二种走法:炮八平七

11.炮八平七 车8进5 12.兵五进一 车8平5

13.车九平八 车1平2

黑方平车保炮,着法含蓄有力。

14.车四进二 炮7退1 15.马六进七 车5平3

16.马七进五 象3进5 17.马三进五 车3平4

18.车八进二 马3退4

黑方也可改走车2退1,以后有平边炮兑车的手段,黑方净多一子占优。

19.车四平三 炮2平3 20.车八平七 车2平4

21.仕四进五 炮3进5 22.车三退一 前车进1

23.车七平六 车4进5 24.马五进四 车4退4

黑方多子占优。

第三种走法:炮八平九

11.炮八平九 …………

红方平边炮,准备攻击黑方右翼。

11.………… 车8进5

黑方进车捉马,力争主动的走法。

12.兵三进一 车8平7 13.马三进四 车1平4

黑方平车捉马,抢先的走法。

14.相三进一 车7进1 15.车九平八 …………

红方平车捉炮,正着。如改走马六进七,则炮2进7,黑方反先。

30

15.………… 炮2退1 16.马六退七 卒7进1

17.马四进三 炮7平8 18.仕四进五 卒3进1

黑方妙手弃卒,争先佳着。

19.兵七进一 炮2平3 20.马三进一 车4进1

21.车四平二 炮8平6 22.马一进三 卒7平8

黑方子力灵活占优。

第四种走法:马三退五

11.马三退五 …………

红方右马退到中路,准备左移,构思新颖。

11.………… 炮2进1 12.车四进二 …………

红方进车捉炮,正着。如改走马六进七,则车1平4,车四进二,炮7退1,马五进七,车4进5,炮五平四,卒7进1,兵三进一,炮2退2,车四退五,炮2进5,炮四平三,车4平3,车四退一,马7进6,黑方易走。

12.………… 炮2退2 13.车四退五 车8进6

14.炮八进二 卒1进1 15.马五进七 车1进2

16.兵一进一 炮2进1

黑方也可考虑改走车1平2,局势较为平稳。

17.炮八退一 车1平2 18.炮八进四 车2退1

19.兵五进一 车8退1 20.车九平六

红方主动。

第五种走法:马六进七

11.马六进七 炮2进4

黑方进炮,改进后的走法。

黑方另有两种走法:①车8进5,兵五进一,卒7进1,兵三进一,车8平7,车九平六,车1平4,车六进七,炮7平4,黑呈反先之势;②车1平4,炮八平七,车4进6,马七进五,炮2平5,炮七进五,马7进8,仕四进五,车4退3,车九平八,卒7进1,车四进二,炮7进5,炮七平八,马8进6,炮八进二,象3进1,炮八平九,马6进7,车八进八,车4退4,车四退六,红方多子占优。

12.兵五进一 …………

红方如改走车九平七,则炮2平7,相三进一,车1平2,炮八平七,车2进1,黑方满意。

12.………… 卒7进1

黑方弃卒,取势紧要之着。

13.兵三进一　车8进6　　14.车九平六　炮7进4

15.相三进一　马7进8　　16.车四平二　马8进7

17.车二退三　炮2平8　　18.车六平二　炮7进2

19.炮八平三　炮8平1

黑方反先。

第17局　红七路马盘河对黑外肋进马(一)

1.炮二平五　马8进7　　2.马二进三　车9平8

3.车一平二　马2进3　　4.兵七进一　卒7进1

5.车二进六　炮8平9　　6.车二平三　炮9退1

7.马八进七　士4进5　　8.马七进六　炮9平7

9.车三平四　马7进8

黑方进外肋马威胁红方过河车,是积极对攻的走法。

10.车四退三　…………

红方退车兵线,避黑方锋芒,稳健的走法。

10.…………　　象7进5

黑方飞左象,正着。

黑方另有两种走法:①象3进5,炮八平七,炮2进4,兵五进一,炮2平7,相三进一,卒7进1,相一进三,车1平4,马六进五,车4进3,车九平八,马8进9,兵七进一,马9进7,兵七进一,马4平3,马五进七,车3退1,炮七平三,红方优势;

②炮2进4,兵五进一,炮2退1,马六进五,马3进5,炮五进四,象7进5,相七进五,炮2平5,车四平五,车1平2,车五进一,马8进7,车五进一,车2进7,仕六进五,车8进3,车九平六,车8平6,车五平三,车6平5,车三退二,炮7退1,马三进五,车5进2,车六进三,车2进2,仕五退六,车2退5,车三进一,车5退2,车三平六,双方大体均势。

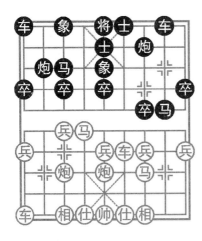

图17

11.炮八平七(图17)　…………

如图17形势,黑方有两种走法:(一)炮2进4;(二)车1平2。分述如下:

第一种走法:炮2进4

11.…………　　炮2进4

12.兵五进一　炮2平7

13.相三进一　　车1平2　　14.车九进一　……………

红方如改走兵七进一,则车2进5,兵七进一,车2平4,黑势不弱。

14.……………　车2进5　　15.相七进九　卒3进1

黑方应改走车2退1,红如接走马六进七,则车2平4,相九退七,卒7进1,相一进三,马8进9,相三退一,炮7进6,炮七平三,马9进7,车四平三,马7进6,车九平四,马6退8,车三退二,车8进6,黑方弃子有攻势。

16.车九平六　马8进9　　17.马三进一　　车8进6

18.仕四进五　……………

红方也可改走车六平四使车生根,攻守两利。

18.……………　车8平9　　19.兵七进一　前炮进2

20.车四平一　前炮平4　　21.马六退八　车2平5

22.马八退六　车5平8

黑方可改走车5退1,较为稳健。

23.炮七进五　车8进4　　24.仕五退四　炮4平9

25.相一进三

红方多子占优。

第二种走法:车1平2

11.……………　车1平2　　12.兵七进一　炮2进4

13.车四进一　……………

红方如改走马六退八吃炮,则车2进6,兵七进一,车2平3,兵七进一,车3进1,黑方主动。

13.……………　炮2平7　　14.相三进一　象5进3

15.车九进一　马8退7　　16.车九平四　象3进5

17.后车进二　前炮平8　　18.前车进四　炮7退1

19.前车平三　车8进2　　20.马三进四　……………

红方进马捉炮嫌急,应改走炮七进一为宜。

20.……………　炮8进3　　21.相一退三　车2平4

22.马六进八　卒7进1

黑方置3路马被捉于不顾,而驱卒过河,适时的要着。

23.马八进七　卒7平6　　24.车四平三　车4进8

黑方进车,着法凶悍!

25.后车退一　……………

红方退车,无奈。如改走前车退一,则车8进6,红方难以应付。

25.………… 车8进6 26.后车平四 卒6进1

黑方弃卒引离红车,妙手!

27.车四进一 车4平7

黑方大占优势。

第18局 红七路马盘河对黑外肋进马(二)

1.炮二平五 马8进7 2.马二进三 车9平8

3.车一平二 马2进3 4.兵七进一 卒7进1

5.车二进六 炮8平9 6.车二平三 炮9退1

7.马八进七 士4进5 8.马七进六 炮9平7

9.车三平四 马7进8 10.车四退三 象7进5

11.车九进一(图18) …………

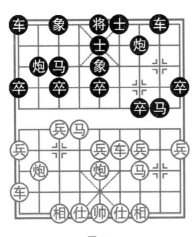

图 18

红方高横车,是近年来比较流行的走法。

如图18形势,黑方有三种走法:(一)炮2进4;(二)车1进1;(三)炮2平1。分述如下:

第一种走法:炮2进4

11.………… 炮2进4

12.兵五进一 炮2退1

黑方如改走炮2平7,则相三进一,车1平2,炮八平七,车2进5,车九平六,车2平3,炮七退一,马3退1,相七进九,车3退1,马六进五,车3进3,马五退六,车3退3,兵五进一,车3平5,马三进五,车5平3,马五进四,红方大占优势。

13.车九平六 马8进7 14.炮五进一 …………

红方进炮捉马,准备弃子取势。

14.………… 马7退8 15.兵五进一 炮2平4

16.车六进三 炮7进6 17.兵五进一 马3进5

18.车六进四 车8进2 19.炮八进五 马5退3

20.车四平二 车1平2

黑方出车抢炮,准备弃子解攻,机警之着。

21.车二进二　车8平6　　22.炮八进一　炮7退2

23.仕六进五　车6进4　　24.炮五退一　炮7平6

黑方平肋炮准备退炮打车,是遏制红方先手的有力手段。

25.车六平七　…………

红方平车捉马授人以隙,应改走车二进一,炮6退4,车六退一,炮6平2,车六平七,炮2进8,仕五退六,车6平1,车二平七,车1平5,双方大体均势。

25.…………　马3进5

黑马乘机跃出,其势更盛。

26.炮八平五　士6进5　　27.车七退二　马5退7

28.车二平三　炮6平5

黑方弃马架中炮,妙手!取胜关键着法。

29.车三进二　车6平3

黑方胜势。

第二种走法:车1进1

11.…………　车1进1　　12.车九平二　车1平4

13.炮八进二　炮2进2　　14.马三退五　…………

红方退马窝心,灵活的走法。

14.…………　炮7平8　　15.炮五平二　卒3进1

16.相三进五　卒3进1　　17.相五进七　炮8进6

18.车二进一　马8退7　　19.车二进七　马7退8

20.马五进七　炮2平3　　21.相七退五　炮3进2

黑方进炮打车,简明的走法。

22.兵五进一　车4进4　　23.车四平七　车4平2

24.车七进四　车2平5　　25.车七退三　车5平3

26.相五进七

和势。

第三种走法:炮2平1

11.…………　炮2平1

黑方平边炮,准备亮出右车。

12.马六进七　…………

红方如改走兵五进一,则车1平2,炮八平七,炮7进5,相三进一,炮7平1,车九平二,车2进5,车四平七,前炮进3,车二进三,车2进4,马三退五,后炮平2,马六进七,炮1平3,马五退七,车2平3,车七平八,车3退2,炮五平二,车3退

2,车八进四,车3退2,炮二进三,车8进3,车二退二,车3进2,黑方多卒占优。

　　12.…………　车1平2　　13.炮八平七　车2进3

　　14.兵五进一　…………

　　红如改走马七退六,则马3进2,兵七进一,马2进1,炮七平九,马8进7,车九平七,车8进5,兵五进一,车8平5,马六退八,车2进2,兵七进一,车2平3,车七平六,车3进3,马八退七,马1进3,炮九进五,象3进1,兵六平五,车5退2,马七进八,象1退3,黑方多卒占优。

　　14.…………　卒7进1

　　黑方冲7卒,攻击点准确。

　　15.马三退一　卒7平6　　16.车四平五　炮7进2

　　17.马七退六　马3进2　　18.兵七进一　马2进1

　　19.炮七平九　车2进4　　20.马六退八　马8进9

　　21.相三进一　车8进6　　22.车九平七　卒6平5

　　23.车五进一　车8平7

　　黑方优势。

第19局　红七路马盘河对黑外肋进马(三)

　　1.炮二平五　马8进7　　2.马二进三　车9平8

　　3.车一平二　马2进3　　4.兵七进一　卒7进1

　　5.车二进六　炮8平9　　6.车二平三　炮9退1

　　7.马八进七　士4进5　　8.马七进六　炮9平7

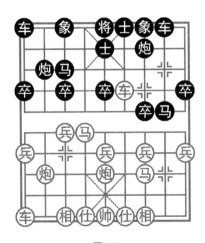

图19

　　9.车三平四　马7进8(图19)

　　如图19形势,红方有三种走法:(一)炮八进三;(二)马六进四;(三)马六进五。分述如下:

　　第一种走法:炮八进三

　　10.炮八进三　…………

　　红方骑河炮打马,少见的走法。

　　10.…………　炮7进5

　　黑方进炮打兵胁相,新的尝试。

　　黑方另有两种走法:①卒7进1,炮八平三,象7进9,车九平八,车1平2,马六进五,马3进5,炮五进四,象3进5,兵三进一,象9进7,兵三进一,炮7进6,兵三平二,车8进4,车八进二,炮7退5,车四进一,红方弃子有攻势;②马8进7,炮五进四,马3进5,车四平五,炮2平5,相七进五,车1平2,车九平八,马7进5,相三进五,炮7进6,车五平七,象3进1,形成红方多兵、黑方多象有攻势的局面。

11.炮八平二　　…………

红方以炮兑马,贯彻预定计划。

11.…………　　炮7进3　　12.仕四进五　　车8进4

13.车九平八　　车1平2　　14.马六进五　　炮2进6

黑方应改走马3进5吃马,红如接走炮五进四,则将5平4,炮五退一,车8退2,双方呈对攻之势。

15.马五进七　　车2进2　　16.炮五平六　　炮7平9

形成红方多子、黑方有攻势的两分局面。

第二种走法:马六进四

10.马六进四　　卒7进1

黑方如改走马8进7,则炮八平七,象3进5,车九平八,车1平2,兵七进一,马7退6,车四退一,炮7进6,炮七平三,卒3进1,车八进六,卒7进1,车八平七,炮2进2,车四退二,车2进2,炮五平八,炮2进2,兵五进一,炮2平9,车四平一,车2进5,相三进五,车2退5,相五进三,车8进7,炮三退二,车8退4,仕四进五,和势。

11.车四平二　　车8进3　　12.马四进二　　炮7进5

13.炮八平七　　象3进5　　14.车九平八　　炮2进4

黑方进炮强行封锁,是破坏红棋计划的紧要之着。

15.兵五进一　　…………

红方如改走相三进一,则卒7平6,马二进三,将5平4,炮五平六,马8退9,马三退四,卒9进1,黑方优势。

15.…………　　车1平2

黑方反先。

第三种走法:马六进五

10.马六进五　　炮2进1　　11.车四进二　　马3进5

12.车四平三　　象3进5

黑方如改走马8退9,则车三平一,炮2退2,炮五进四,象3进5,车一退一,象7进9,炮八平九,车8进6(应改走车1平2),车九平八,炮2平4,兵五进一,车8平7,马三进五,卒7进1,兵五进一,卒7平6,相七进五,象9退7,兵九进一,红方优势。

37

13.车三平四	炮2退2	14.车四退五	马5进4
15.兵五进一	炮2平4	16.炮五平四	卒3进1
17.相七进五	卒3进1	18.车九平七	卒3平2
19.车四进三	卒2进1	20.车四平六	卒2进1
21.车六退二	炮4进1	22.炮四平八	车1平2
23.炮八平九	车8进3	24.车七进三	

红方多兵稍优。

小结：红方七路马盘河变例,是准备配合过河车对黑方中路进行攻击。这种布阵的特点是讲究子力的协调布置,是稳健型棋手喜欢选择的布局。此变例相对比较容易掌握,而黑方亦可从容应付。

第二节　黑高右横车变例

第20局　黑右横车对红左马盘河

1.炮二平五	马8进7	2.马二进三	车9平8
3.车一平二	马2进3	4.兵七进一	卒7进1
5.车二进六	炮8平9	6.车二平三	炮9退1
7.马八进七	车1进1		

至此,形成中炮过河车对屏风马平炮兑车黑高右横车变例。这是一种力争主动的积极性防御走法,常为喜爱攻杀型的棋手采用。黑高右横车,准备过宫攻击红方过河车,但黑方右翼马炮也易受到红方的攻击,是对攻性较强的一种走法。

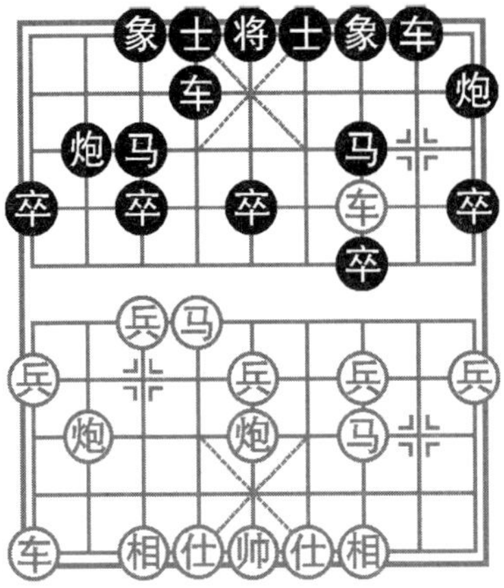

8.马七进六　…………

红方跃马河口嫌急,易为黑方所算。

8.…………　车1平4(图20)

黑方平车捉马,诱敌深入。如误走车1平6,则炮八平七,炮9平7,马六进五,马7进5,车九平八,士6进5,车八进七,红方优势。

如图20形势,红方有两种走法:(一)马六进四;(二)马六进五。分述如下:

第一种走法:马六进四

9.马六进四　…………

图20

红方如改走马六进七,则车4进6,红方孤马深入,容易失先。

9.……………　车8进2　　10.兵五进一　炮9平7

11.车三平四　炮7平5　　12.炮八平七　马7进6

13.车四退一　车4进5

黑方进车抢占兵线要道,已呈反先之势。

14.车九平八　炮5进4　　15.仕四进五　车8平4

16.马三进五　……………

红方如改走帅五平四,则后车平6,车四进二(如车四退三,则车6进5,仕五进四,炮2进4,兵七进一,象3进5,黑方下伏车4进3再炮2平6的连杀手段,大占优势),炮2平6,兵七进一,车4平6,帅四平五,车6平3,车八进四,炮6平5,兵七进一,马3退5,炮七平六,车3退3,黑方优势。

16.……………　炮5进2　　17.相三进五　炮2平1

18.马五退三　前车平7　　19.车八进七　……………

红方如改走车八进六,则车4平6,车四进二,炮1平6,车八平七,象7进5,黑方多卒易走。

19.……………　炮1进4　　20.兵七进一　车7平3

21.兵七进一　车3退3　　22.炮七平五　炮1平3

黑方多卒占优。

第二种走法:马六进五

9.马六进五　马7进5　　10.炮五进四　马3进5

11.车三平五　炮2平5　　12.仕六进五　……………

红方如改走相七进五,则车4进6,炮八进七,车4平2,炮八平九,车8进7,黑方亦大占优势。

12.……………　车4进7　　13.车五平一　炮9平5

14.炮八进四　车8进9

黑方虎口献车,实出红方所料,实战中弈来甚是精彩!红如接走马三退二,则后炮进5,相三进五,后炮进5,黑方速胜。

15.车一平六　……………

红方如改走车一平五解杀,则车8平7,黑亦胜势。

15.……………　后炮进5

黑方虎口献炮叫将,又是一步精妙的杀着。

16.马三进五　……………

红方以马踩炮,只好如此。如改走相三进五,则后炮进5,重炮杀。

16.………… 车4平5

黑方再弃车砍炮,演成大刀剜心的杀法,完成了一个漂亮精彩的杀法组合。

17.帅五平六 …………

红方如改走仕四进五,则车8平7,绝杀!

17.………… 车5进1 18.帅六进一 车8退1

19.马五退四 …………

红方如改走仕四进五,则车8平5,帅六进一,前车平4,绝杀!

19.………… 车8平6 20.帅六进一 车5平4

21.帅六平五 车4平6

黑胜。

第21局 黑右横车对红冲中兵

1.炮二平五 马8进7 2.马二进三 车9平8

3.车一平二 马2进3 4.兵七进一 卒7进1

5.车二进六 炮8平9 6.车二平三 炮9退1

7.马八进七 车1进1 8.兵五进一 …………

红方冲中兵直攻黑方中路,是一种急攻型的走法。

8.………… 炮9平7 9.车三平四 马7进8

黑方平炮打车再跃马,暗伏冲卒反击,着法积极。

10.兵五进一 …………

红方另有两种走法:①车四平三,卒7进1,兵五进一,马8进6,兵五平四,炮7平5,车九进一,马6进4,炮五进六,士6进5,炮八平九,卒7平6,马三退五,车1平4,马五进六,车4进5,车九平八,炮2进4,黑方反先;②车四退二,车1平4,车九进一,马8进7,车四退一,士4进5,兵五进一,卒5进1,马三进五,象7进5,炮五进三,车8进3,炮五平六,炮2进4,车四进一,马7退5,相三进一,马5退3,车九平五,车8平5,炮六平八,马3退5,前炮退一,炮2平3,相七进九,马5退6,炮八进二,卒3进1,炮八平四,车4进5,马五退三,车5平2,黑可找回一子占优。

10.………… 卒7进1 11.兵五平四 …………

红方平兵照将,正着。如改走兵一进一,则炮7平5,黑方主动。

11.………… 象7进5

黑方补象,正着。如改走炮7平5,则兵四平三,马8进7,车四退三,红方先手。

12.兵四平三　马8进7　　13.马三进五　车1平4(图21)

黑方平车抢占要道，控制红方盘头马的出路，正着。

如图21形势，红方有两种走法:(一)炮八进二;(二)兵三进一。分述如下:

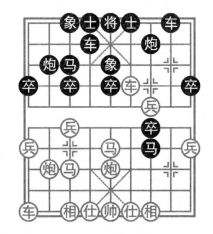

图 21

第一种走法:炮八进二

14.炮八进二　…………

红方如改走车九进一，则士4进5,炮八进二,车4进5,兵三进一,炮2进1,车四进二,炮2退2,车四退二,卒3进1,兵七进一,车8进4,黑方优势。

14.…………　车4进5

黑方进车兵线,着法有力。如改走卒7平6,则车四退二,马7进5(如马7进8,则兵三平二,车8进4,车九进一,炮7退1,车九平四,红优),相七进五,象5进7,车四进一,象7退5,马五进六,红方先手。

15.仕六进五　…………

红方如改走车四进二,则炮7退1,车四平八,马7进8,仕四进五,卒7平6,炮五平三,卒6进1,炮三进七,车8平7,车八退一,车7进4,黑方易走。

15.…………　士6进5　　16.相七进九　卒7平6

17.炮八平四　马7进6　　18.炮四平三　马6退5

19.炮三进四　马5退4　　20.车四退四　炮2进2

21.兵三进一　车8进5

黑方子力灵活占优。

第二种走法:兵三进一

14.兵三进一　卒7平6　　15.车四退二　…………

红方退车吃卒,势在必行。如改走炮五平三,则马7退8,车四退一,卒6平5,黑方反先。

15.…………　炮2进4

黑方进炮兵线,新的尝试。

以往黑方多走马7退8,车四平二,炮7进8,仕四进五,马9退9,兵三平二,炮7平9,黑方有攻势。

16.炮五平三　车4进5　　17.兵三进一　炮2平5

18.车四退一　炮7平5　　19.车四平三　象5退7

20.马七进五　车4平5　　21.车三平五　炮5进5

22.兵九进一　马3退5　　23.车九进三　炮5退2

黑方易走。

第22局　黑右横车对红平边炮（一）

1.炮二平五　马8进7　　2.马二进三　车9平8

3.车一平二　马2进3　　4.兵七进一　卒7进1

5.车二进六　炮8平9　　6.车二平三　炮9退1

7.马八进七　车1进1　　8.炮八平九　…………

红方平边炮，准备出左车，正着。

8.…………　车1平6　　9.马七进六　…………

红方跃马盘河，威胁黑方中路。

9.…………　士6进5

黑方补士，稳健的走法。如改走炮9平7，则马六进五，马7进5，车九平八（如兵五进一，则车6平2，兵五进一，炮7平5，兵五进一，炮2进1，炮五退一，炮2平5，炮九平五，象7进5，车九进二，车8进6，双方大体均势），士6进5，车八进七，马5进6，黑方可弃子抢攻，形成复杂的对攻局面。

10.车九平八　…………

红方出车捉炮，准备一车换双，展开攻击。

10.…………　炮9平7　　11.车八进七　…………

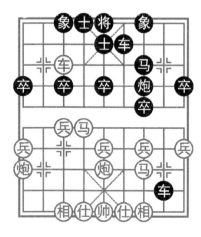

图22

红方如改走马六进五，则马3进5，炮五进四，象3进5，车三进一，炮2平7，炮九进四，将5平6，炮五平四，车6进2，炮九平四，车8进7，车八进二，前炮进4，相三进一，车8平9，车八平五，卒7进1，黑方易走。

11.…………　炮7进2

12.车八平七　车8进8（图22）

黑方进车下二路，力争主动的走法。如改走炮7进3（如车6进4，则车七平三，炮7进3，炮五进四，象7进5，相三进五，车6平4，车三退二，炮7平1，车三进一，双方平稳），则相三进一，车6进4，马六进七，象7进5，马七

42

进五、象3进5，炮五平八，形成黑方多子、红方弃子抢攻各有顾忌的局面。

如图22形势，红方有三种走法：(一)炮五平七；(二)炮五平六；(三)仕四进五。分述如下：

第一种走法：炮五平七

13.炮五平七　　车6进1

黑方进车邀兑，试探红方应手。如改走车6进4，则车七平三，炮7进3，相三进五，车6平4，车三退二，炮7平1，车三进四，士5退6，仕四进五，炮1平2，炮七平六，车8退5，车三退二，红方多相稍优。

14.车七进二　　炮7进3　　15.相三进五　　…………

红方如改走相七进五，则将5平6(如车6进6，则仕四进五，车8平7，相三进一，下伏退炮打死车的手段)，仕四进五，车8平7，炮九退一，炮7平8，黑方抢攻在先。

15.…………　　车8平7　　16.仕六进五　　…………

红方如误走仕四进五，则车6进6，炮九退一，车7进1，马三退四(如仕五退四，则车7平6，马三退四，炮7进3，黑胜)，车7平8，黑优。红方又如改走车七退三，则炮7平8，仕六进五，车6平2，兵七进一，炮8退3，车七进二，车2进5，马三进二，卒7进1，马二退一，车7平9，兵七平八，象7进5，车七退一，士5进4，车七平六，士4进5，车六平五，马7进6，也是黑方抢攻在先。

16.…………　　炮7平8　　17.炮九进四　　…………

红方炮打边卒，嫌急。应改走车七退三(如相五退三，则车7进1，马三退一，炮8进2，炮七退一，车7退4，炮七平二，车7平4，黑优)，车6进6(如车6平2，则马六退四，车7平6，马四进三，炮8退3，车七进一，车2平3，炮七进五，双方各有顾忌)，帅五平六，炮8进3，帅六进一，车6进1，炮九进四，对攻中红方易走。

17.…………　　车6平1　　18.炮七平九　　炮8进3

19.相五退三　　车7退1　　20.相七进五　　车7退1

21.马六进七　　…………

红方如改走前炮平五，则马7进5，炮九进五，马5进4，也是黑方多子占优。

21.…………　　车1平2　　22.前炮进三　　车2进7

23.仕五退六　　士5进4

黑方扬士解"抽"使红方难以作攻，稳持多子之利。

24.车七退一　　士4进5　　25.马七进八　　将5平6

26.车七平六　　车7平6

黑方胜势。

第二种走法:炮五平六

13.炮五平六 …………

红方卸炮,准备调整阵形。

13.………… 车6进1 14.车七进二 …………

红方如改走车七平四,则士5进6,马六进五,炮7进3,相三进五,象7进5,黑方易走。

14.………… 炮7进3 15.相三进五 车8平7

16.仕六进五 …………

红方如改走仕四进五,则车6进6,黑方优势。

16.………… 炮7平8 17.车七退三 车6平2

18.马六退四 炮8进3 19.相五退三 炮8退6

20.车七进二 车7平6 21.马四进三 象7进5

22.前马退二 马7进8

黑方进马似嫌稍后,应改走车2进7捉相,红如接走马二进四,则车2平3,炮六退二,车6平7,黑优。

23.马二退四 车2进7 24.炮六退二 车2平3

25.车七退一 马8进7 26.车七平五

红方易走。

第三种走法:仕四进五

13.仕四进五 车6进1 14.炮五进四 …………

红方炮打中卒嫌软,应改走车七平四兑车,黑如接走士5进6,则马六进五,炮7平6,双方大体均势。

14.………… 象7进5 15.相三进五 车8平7

16.炮五退二 炮7进3 17.车七退一 将5平6

18.车七平二 车6进6 19.车二退六 车7平8

20.车二平一 车8退5

黑方优势。

第23局　黑右横车对红平边炮(二)

1.炮二平五 马8进7 2.马二进三 车9平8

3.车一平二 马2进3 4.兵七进一 卒7进1

5.车二进六 炮8平9 6.车二平三 炮9退1

7.马八进七 车1进1 8.炮八平九 车1平6

9.马七进六　士6进5　　10.炮五平七　…………

红方卸中炮威胁黑方右翼,力争主动的走法。

10.…………　　炮9平7　　11.炮七进四　象3进1

12.车三平二　车8进3　　13.炮七平二　马3进4

双方兑掉一车后,红方虽多一兵,但黑方右马乘机跃出,争得了空间优势。

14.车九平八　炮2平4　　15.兵七进一　马4进6

黑方进马推动攻势,正着。如改走象1进3吃兵,则炮一平九,象3退1,马六进八,象1退3,后炮平七,红方优势。

16.相七进五　车6进2

黑方进车抢占要道,也可改走马7进8,加快对红方右翼的攻击速度。

17.炮九进四(图23)　…………

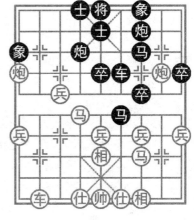

图23

红方如改走炮二退五, 则马7进8,黑优。

如图23形势, 黑方有两种走法:(一)炮4进1;(二)车6退1。分述如下:

第一种走法:炮4进1

17.…………　　炮4进1

黑方进炮虽可保持捉炮的先手,但己方阵形也因此出现弱点。

18.车八进七　…………

红方乘机进车捉双,由此局面开始逆转。

18.…………　　将5平6

黑方出将,试探红方应手。如改走马6进7,则仕六进五,士5进6,炮二进三,象7退9,兵七进六,红方弃子占优。黑方又如改走马6进8,则炮二进三,象7进5,车八退六,红方下伏车八平二捉马手段,也是红方占优。

19.仕六进五　…………

红方补仕,机警之着。如改走车八平三吃马,则马6进8扑槽,黑成绝杀之势。红方又如改走马三退一,则马6进4,也是黑胜。

19.…………　　马6进8　　20.马六退四　…………

红方献马解围,构思十分巧妙! 如误走兵七平六,则马8进7,帅五平六,马7进6,兵六进一,马6进4,黑方反而易走。

20.…………　马7进6

黑方应改走象7进5,要比实战走法好。

21.炮二进三　象7进5　　22.车八退三　卒7进1

23.车八平三　车6退2

黑方如改走马6退8踩车,则车三进三,黑方双马无好点可占,也是红方大占优势。

24.炮九平八　马6退7　　25.车三进三　车6进5

26.炮八退五

红方大占优势。

第二种走法:车6退1

17.…………　车6退1

黑方退车,改进后的走法。

18.马三退一　马6进4　　19.车八进一　车6进3

20.马六进七　车6平3　　21.车八平四　车3退1

22.马七进九　象7进5　　23.炮九平七　车3平6

黑方兑车抢占要道,抢先之着。

24.车四平八　马7进8　　25.炮二平三　马8进9

26.马九退八　将5平6　　27.仕六进五　马9进8

黑方优势。

第24局　黑右横车对红平边炮(三)

1.炮二平五　马8进7　　2.马二进三　车9平8

3.车一平二　马2进3　　4.兵七进一　卒7进1

5.车二进六　炮8平9　　6.车二平三　炮9退1

7.马八进七　车1进1　　8.炮八平九　车1平6

9.马七进六　士6进5　　10.车三退一　…………

红方退车吃卒,保持复杂局面。

10.…………　车6进1(图24)

黑方升肋车保马,策应右翼,寓攻于守。

如图24形势,红方有四种走法:(一)车九进一;(二)炮五平七;(三)车三平八;(四)车九平八。分述如下:

第一种走法:车九进一

11.车九进一　…………

红方高横车,防止黑方车8进8抢占下二路要道, 是类似局面中常用的战术手段。

11.………… 炮2进4

黑方进炮窥视兵线,开始寻隙反击,是其高车士角的后续手段。

12.炮五平七 …………

红方卸炮,势在必行。如改走兵三进一,则炮2平9,红方右翼弱点难以解除。

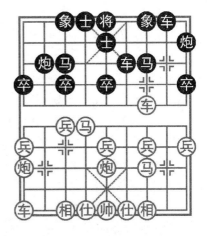

图24

12.………… 炮9平7

黑方可改走象7进5,红如接走车三平八,则炮2平7,相三进五,卒3进1,车八进二,马3进4,兵七进一,马4进6,车九平四,马6进8,车四进六,士5进6,黑方优势。

13.车三平八 炮2平7 14.相三进五 …………

红方如改走相七进五,则将5平6,车九平一,车8进5,马六进七,象7进5,炮九退一,马7进8,炮九平四,将6平5,车八进二,炮7进6,炮七平三,车6进4,也是黑方优势。

14.………… 车8进5 15.马六进七 将5平6

至此,黑方左翼子力较为集中,易于组织攻势,已反夺主动。

16.车九平一 象7进5 17.炮九退一 …………

红方退炮,准备支援右翼,稳健的走法。如改走车八进二捉马,则马7进8,红方右翼受攻。

17.………… 马7进8 18.炮九平四 将6平5

19.马七进五 …………

红方马踏中象,是打破僵局争取对攻之势的关键之着。如改走车八进二,则车8进2,交换之后,红方双车不如黑方双车灵活,黑方易走。

19.………… 象3进5

黑方如改走车6平5,则炮七进五,以后红方伏有炮四平七的攻击手段。

20.炮七进五 象5退3

双方对攻,黑势较强。

第二种走法:炮五平七

11.炮五平七 …………

红方卸中炮威胁黑方右翼,是改进后的走法。

47

11.……………　炮2进4

黑方进炮过河,对攻之着。如改走炮2平1,则车九平八,炮1进4,车八进七,炮9平7,车三平八,车8进5,炮七进四,象3进1,后车平六,马7进8,马六进四,炮7进3,仕四进五,车8平3,马四进六,炮7退3,车六平二,车3退2,车二平三,车3平4,车三进三,象7进9,兵三进一,车4平3,相三进五,车3进3,车三退二,卒9进1,车三平二,象1退3,炮九进四,象9退7,车二退一,车6进4,炮九退一,炮1平5,马三进五,车6平5,炮九平七,象3进5,炮七退一,红方优势。

12.炮七进一　炮9平7　　13.车三平八　炮7进5

14.相七进五　炮2平5

黑方如改走炮7平3,则车八退二,红方优势。

15.马三进五　炮7平3　　16.车八退二　炮3平9

17.马五进三　炮9进3　　18.仕六进五　车8进9

19.马三退二　车8退1　　20.马六退四

红方易走。

第三种走法:车三平八

11.车三平八　炮2平1　　12.兵三进一　卒3进1

黑方弃3卒捉车,诱红车吃卒跌入陷阱。如改走炮1进4,则炮九平七,炮1平9,兵三进一,车8进8,马三进一,炮9进5,炮五平一,红方优势。

13.车八平七　……………

红方应改走车八退一为宜。

13.……………　炮1进4　　14.炮九平七　炮1平3

打死红车,黑方弃卒陷车的战术手段已获成功。

15.兵三进一　象3进1

黑方用象捉车,逼红方用车吃马,可以简明获取多子优势。

16.车七进二　炮3退4　　17.炮七进五　车6平3

18.马六进五　……………

红方如改走兵三进一,则炮9平7,兵三进一,炮7进6,也是黑方多子占优。

18.……………　马7进5　　19.炮五进四　车3平5

20.车九进六　车8进6

黑方多子占优。

第四种走法:车九平八

11.车九平八　炮9平7　　12.车三平六　炮2进4

黑方炮2进4,准备弃子取势。

48

13.车八进三　…………

红方进车吃炮,势在必行。如改走兵三进一,则炮2平4,车六平八,卒3进1,黑方有反击之势。

13.…………　炮7进5　　14.车八进四　炮7进3

15.仕四进五　炮7平9　　16.仕五进四　车8进9

17.帅五进一　车8平4

黑方如改走车8退1,则帅五退一,车6退1,车八平七,车6平8,车七平三,前车进1,马三退四,前车退5,车三退七,前车平4,车三平一,车4进1,车一平三,象7进5,炮五进四,将5平6,车三进六,红方多子占优。

18.兵七进一　…………

红方弃兵,妙手! 取势关键之着。

18.…………　卒3进1　　19.车八平七　…………

红方以车砍炮,先弃后取之着。

19.…………　车6平3　　20.炮九平七　炮9平3

21.炮七进五　炮3退7　　22.车六进一　象7进5

23.马六进四　车4平7　　24.马四进三　炮3平7

25.车六平五

红方多子胜势。

第25局　黑右横车对红平边炮(四)

1.炮二平五　马8进7　　2.马二进三　车9平8

3.车一平二　马2进3

4.兵七进一　卒7进1

5.车二进六　炮8平9

6.车二平三　炮9退1

7.马八进七　车1进1

8.炮八平九　车1平6

9.马七进六　士6进5

10.车三退一(图25)　…………

如图25形势,黑方有三种走法:(一)炮2平1;(二)车8进8;(三)炮9平7。分述如下:

第一种走法:炮2平1

10.…………　炮2平1

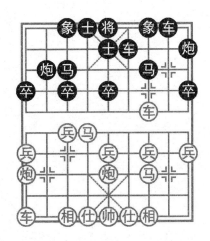

图25

49

黑方平边炮,先避开红车捉炮。

11.炮五平七 　　…………

红方卸炮威胁黑方右翼,并可飞相巩固阵势,攻守两利之着。如改走炮九平七,则车6进1,兵七进一,象7进5,车三平六,卒3进1,炮七进五,车6进5,马六进八,炮1平2,马八进九,车6平7,车九平八,车7进2,车八进七,车7退3,炮五平一,车8进7,炮一退一,车8退3,车六退三,马7进6,黑方易走。

11.………… 　　车6进1

黑方升车保马,无奈之着。如改走炮9平7,则炮七进四,士5退6,炮七进三,士4进5,车三平七,车6进1,炮七平九,红方大占优势。

12.车九平八 　　…………

红方可改走兵三进一,黑如接走炮9平7,则车三平八,炮1进4,炮九进四,炮1平9,马三进一,车8进6,相七进五,马3进1,车九进六,象7进5,车九平七,车8平9,车七平五,车6进3,车五平六,红方多兵占优。

12.………… 　　炮1进4

黑方如改走炮9平7,则车三平六,炮1进4,兵三进一,炮1平4,车六平八,马7进8,相七进五,炮7进6,炮七平三,车6进3,炮九进二,炮4平9,前车平四,卒1进1,炮三平二,车8平9,兵三进一,车6退1,马六进四,卒1进1,兵三平二,红方优势。

13.车八进七 　　…………

红方如改走相三进五,则炮9平7,车三平六,炮1平7,仕六进五,前炮平8,车八进七,双方互缠,红方稍好。

13.………… 　　炮9平7　　14.炮七进四　　象7进5

15.车三平六　　炮1平7　　16.相三进五　　马3退2

黑方弃马化解红方攻势,佳着。

17.车八进二　　前炮平8　　18.仕六进五　　炮7进6

19.炮九平三　　炮8进3　　20.相五退三　　车6进6

黑方弃子占势。

第二种走法:车8进8

10.………… 　　车8进8

黑方进车,禁控红方下二路。

11.炮五平七　　炮9平7　　12.车三平八　　炮2平1

13.兵三进一　　马7进8　　14.相七进五　　卒3进1

黑方弃卒,诱红方车八平七,再炮1进4、炮1平3打车争先。

15.车八进二　炮1进4　　16.炮九进四　炮1平9

17.炮九进二　…………

红方进炮打双,可以缓解黑方的反击之势,简明有力的走法。

17.…………　车6进7

黑方如改走士5退6,则炮九平三,车6平7,马三进一,马8进9,车八平七,红方多子占优。

18.炮九平三　炮9进3　　19.仕六进五　车8平7

20.帅五平六　车7进1　　21.帅六进一　车7退1

22.炮七退二　…………

红方退炮避兑,化解黑方攻势,必走之着。

22.…………　炮9退4　　23.车八平七　象7进5

黑方如改走炮9平4,则车七退二,也是红优。

24.炮七进一　马8退7　　25.帅六进一　…………

红方升帅巧打双车,使黑方失去反击之力,加快了取胜的速度。

25.…………　炮9平4　　26.炮七平四

红胜。

第三种走法:炮9平7

10.…………　炮9平7　　11.车三平八　炮2平1

12.兵三进一　马7进8

黑方进外肋马,准备侧袭红方右翼。如改走车8进8,则炮五平七,车8平4,炮七进四,红方易走。

13.车九进一　马8进9

黑方马踏边兵,准备展开反击。

14.车九平三　…………

红方应改走车八平三,黑如接走象3进5,则车三进一,马9进7,炮九平三,炮1退1,双方对峙。

14.…………　炮7进6　　15.炮九平三　车6进4

16.马六进五　…………

红方如改走车八平六,则车6平7,黑方易走。

16.…………　马3进5　　17.炮五进四　炮1平5

18.炮三平五　车8进6　　19.仕四进五　车8平5

20.前炮平九　将5平6

黑方胜势。

第26局　黑右横车对红平边炮(五)

1.炮二平五　马8进7　　2.马二进三　车9平8

3.车一平二　马2进3　　4.兵七进一　卒7进1

5.车二进六　炮8平9　　6.车二平三　炮9退1

7.马八进七　车1进1　　8.炮八平九　车1平6

9.车三退一　…………

红方退车吃卒,脱离险地,是此变例中较多采用的走法。

9.…………　炮2平1　　10.车三平八　…………

红方右车左移,预作防范。

10.…………　车8进6

黑方左车过河抢占兵线,力争主动的积极走法。

11.车八进二　炮9进1　　12.炮五平六　…………

红方卸中炮准备联相保马,力求稳健的走法。也可考虑改走兵三进一,黑如接走车8平7,则马七进八,车7退1,炮五平七,红仍持先。

12.…………　车8平7　　13.相七进五　卒5进1

黑方冲中卒,准备强进中马反击,适时有力之着。

14.仕六进五　…………

红方补仕嫌缓,应改走车八退二(如马七进六,则卒5进1,炮六进一,炮1进4,炮六平三,炮1进3,车八退七,马7进8,黑优),卒3进1,车八退一,马7进5,兵七进一,马5进3,炮九退一,炮9平7,炮九平三,车7平8,炮三平七,象3进5,车九平八,红不难走。

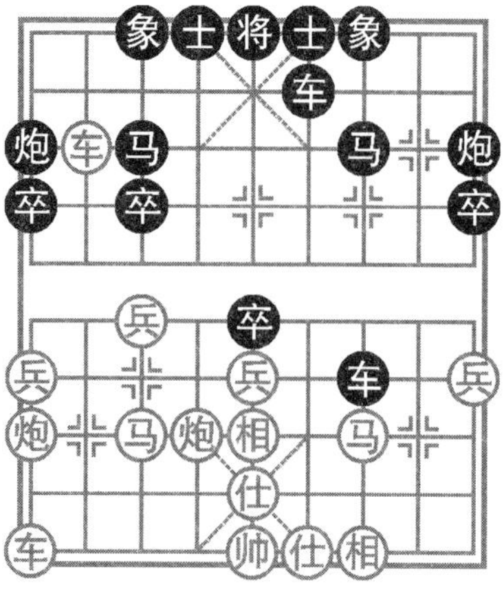

图26

14.…………　卒5进1(图26)

如图26形势,红方有两种走法:(一)兵五进一;(二)车九平八。分述如下:

第一种走法:兵五进一

15.兵五进一　马3进5

16.车八进二　…………

红方进车捉象,争取对攻的走法。如改走车八退二,则马5进7,兵五进一,前马进6,黑方占势易走。

16.…………　马5进7

17.车八平七　前马进6

18.兵五进一　马6进7

黑马卧槽,取势为上。如改走马6退5,则车九平八,士6进5,炮六进六,演成对攻之势。

19.帅五平六　炮1平4　　20.兵五平六　车7平4

21.兵七进一　卒3进1　　22.车七退四　后马进5

黑方进马捉车,可以乘机消灭红方过河兵并展开攻势,紧凑有力之着。

23.车七进一　……………

红方不能走车七平八,否则黑方马5退3,红方更难应付。

23.……………　车4退2

黑方弃马吃兵,是上一回合进马捉车的续进之着。

24.车七平五　士4进5　　25.炮六退一　炮4进6

黑方进炮打炮,简明的走法。如改走炮4退2,则车五进一,车6进5,车五平二,炮4进8,马七进五,炮4退3,炮九退一,红方尚可应付。

26.马七进八　车4退4　　27.炮九平六　炮9平4

黑方优势。

第二种走法:车九平八

15.车九平八　……………

红方出车,放任黑方中卒横冲直撞,实战效果欠佳。

15.……………　马7进5　　16.前车退一　……………

红方如改走前车退四,则卒5平4,黑方优势。

16.……………　卒5进1　　17.后车进三　卒5平4

18.马七进六　马5进4

黑方兑马,简明的走法。如改走卒4平3,则马六进五,马3进5,后车退一,马5进6,黑方大占优势。

19.炮六进二　车6进4　　20.炮六进四　……………

红方进炮,准备平边侧袭牵制黑方右翼。如改走车八平七,则车6平4,车七进一,炮9平7,黑方优势。

20.……………　马3进5　　21.炮六平九　卒4平3

22.后车进二　马5进4　　23.后车平六　马4进6

24.后炮退一　……………

红方退炮,先防一手。如改走前炮进一,则马6进7,帅五平六,士6进5,车八进三,炮1平4,后炮平六,象7进5,黑方大占优势。

24.……………　士6进5　　25.前炮进一　象7进5

26.马三进五　车6平5　　27.车六进三　炮1平2

黑方不进车吃马,而平炮拦车,正所谓"死马不急吃",老练的走法。

28.车八平七　炮9退1　　29.车六退二　车5进1

黑方胜势。

第27局　黑右横车对红平边炮(六)

1.炮二平五　马8进7　　2.马二进三　车9平8

3.车一平二　马2进3　　4.兵七进一　卒7进1

5.车二进六　炮8平9　　6.车二平三　炮9退1

7.马八进七　车1进1　　8.炮八平九　车1平6

9.车三退一　炮2平1　　10.车三平八　车8进6

11.兵三进一　车8平7(图27)

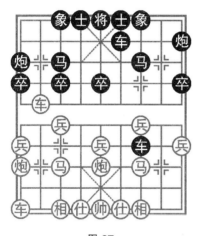

图27

如图27形势,红方有两种走法:(一)马七进八;(二)炮五退一。分述如下:

第一种走法:马七进八

12.马七进八　…………

红方如改走马七进六,则车7退1,车八平六,炮1进4,车九平八,炮1平4,马六进四,马7进6,车六退二,象3进5,车八进七,炮9进1,炮五平七,车7平4,车六进一,马6进4,炮七退一,车6进3,相三进五,卒1进1,黑方优势。

12.…………　车7退1

黑方退车吃兵有嫌急躁,应改走马7进6为宜。

13.炮五平六　…………

红方卸炮调整阵形,稳健的走法。

13.…………　车6进3　　14.车八进二　炮9进1

15.相七进五　车7退1　　16.马八进七　车6平2

17.车九平八　车2进5　　18.车八退七　炮1进4

19.车八进三　炮1退1　　20.炮九退一　象7进5

21.炮九平七　…………

红方平炮牵制黑方3路线,正着。如改走炮九平三,则车7平4,炮三进六,车4进3,双方大体均势。

21.…………　马7进8　　22.车八进四　炮9平7

黑方如改走马3退5,则马七进六,象3进1,车八进二,车7平4,仕六进五,车4退3,炮七平六,车4进6,仕五进六,马5进3,车八退三,红方大占优势。

23.炮七平三　…………

红方平炮打车,取势的关键之着。

23.…………　马8进7　　24.仕六进五

红方优势。

第二种走法:炮五退一

12.炮五退一　…………

红方退中炮,改进后的走法。

12.…………　车6进7　　13.兵七进一　…………

红方如改走车九平八,则炮9平7,相三进一,炮7平8,炮五平八,车6平3,炮八进二,车3退1,炮八平三,车3平7,炮三平二,车7平8,炮二平三,车8平9,后车进二,车9退1,后车平三,炮8进8,仕四进五,车9进3,相七进五,红方优势。

13.…………　炮9平7　　14.相三进一　马7进6

15.兵七进一　马6进8　　16.炮五平八　马8进7

17.仕四进五　车6退6　　18.炮八进二　车7平5

19.马七进五　炮1进4　　20.马五退三　炮1进3

21.炮九平五　象7进5　　22.马三进五　马3退1

23.炮五进四　士6进5　　24.车八平二　炮7平6

25.马五进七

红方大占优势。

第28局　黑右横车对红平边炮(七)

1.炮二平五　马8进7　　2.马二进三　车9平8

3.车一平二　马2进3　　4.兵七进一　卒7进1

5.车二进六　炮8平9　　6.车二平三　炮9退1

7.马八进七　车1进1　　8.炮八平九　车1平6

9.车三退一　炮2平1　　10.车三平八　车8进6

11.车九进一　车6进1(图28)

黑方升车士角,寓攻于守,含蓄有力的走法。

如图28形势,红方有两种走法:(一)兵三进一;(二)车八进二。分述如下:

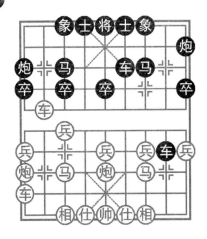

图 28

第一种走法：兵三进一

12.兵三进一　　卒3进1

13.车八退一　　…………

红方退车,失察。应改走车八进二(如车八平七,则炮9平3,车七平三,象7进5,车三进一,炮3平7,炮五进四,士4进5,红方丢车),要比实战走法为好。

13.…………　　卒3进1

14.车八平七　　炮9平3

15.车七平八　　炮3进6

黑方乘机谋得一子，为取胜奠定了物质基础。

16.炮五退一　　炮1退1　　17.车九平六　　炮1平7

18.车八平七　　炮7平3　　19.车七平六　　前炮平5

黑方献炮叫将，一击中的！实战中弈来煞是精彩好看。

20.炮五平四　　…………

红方躲炮，无奈之着。如改走相三进五,则炮3进8,黑方速胜。

20.…………　　炮3进8　　21.帅五进一　　马7进8

22.后车平七　　车6进6

黑方弃车砍炮，简明有力之着。

23.帅五平四　　车8进2　　24.帅四进一　　车8平3

25.相三进五　　车3退1

黑胜。

第二种走法：车八进二

12.车八进二　　炮9进1　　13.兵三进一　　车8平7

14.马七进八　　马7进8　　15.炮五平七　　…………

红方卸炮调整阵形，不失为灵活之着。

15.…………　　炮1进4　　16.车九平八　　马8进6

17.相七进五　　卒1进1

黑方挺边卒，似不如改走马6进7,炮七平三,炮9进4,更具反击力。

18.仕六进五　　卒1进1　　19.马八进七　　车6平4

20.兵七进一　　马6进7　　21.炮七平三　　象7进5

22.炮三平二　　车7平8　　23.炮二平四　　炮1平3

24.前车退四　…………

红方退车捉炮,占据要道,攻守兼备之着。

24.…………　车8平5　25.兵七平八　…………

红方平兵,准备迂回前进捉马,是退车捉炮的后续手段。

25.…………　车5平6　26.兵八进一　车4进2

27.前车进二　…………

红方进车邀兑,紧凑有力之着。如改走兵八进一,则车4平3,马七进五,象3进5,兵八平七,炮3平5,黑不难走。

27.…………　车4退1　28.兵三进一

红方优势。

第29局　黑右横车对红平边炮(八)

1.炮二平五　马8进7　　2.马二进三　车9平8

3.车一平二　马2进3　　4.兵七进一　卒7进1

5.车二进六　炮8平9　　6.车二平三　炮9退1

7.马八进七　车1进1　　8.炮八平九　车1平6

9.车三退一　炮2平1　　10.车三平八　车6进1

黑方升车护马,守中带攻,暗伏卒3进1的反击手段。

11.车八进二　士6进5　　12.炮五平六　…………

红方如改走兵三进一,则炮9平7,车九平八,马7进6,马七退五,车8进8,炮九退一,车8退2,后车进三,车8平7,炮五平七,马6进8,相七进五,卒5进1,炮七进四,象7进5,前车平七,将5平6,炮七进三,象5退3,车七平四,士5进6,车八进三,马8进7,马五进三,车7进1,形成红方少子多兵、黑方多子各有顾忌的局面。

12.…………　车8进4

13.车九平八(图29)　…………

如图29形势,黑方有两种走法:(一)炮9进1;(二)卒3进1。分述如下:

第一种走法:炮9进1

13.…………　炮9进1

14.相七进五　车6平4

15.仕六进五　卒3进1

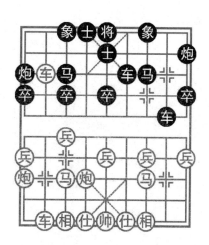

图29

16.车八进四 车4进4 17.炮九进四 ……………

红方边炮打卒,抢先之着。

17.……………… 士5退6

黑方如改走车4退3,则炮九平八,下伏兵七进一再马七进六的攻击手段,黑方难应。

18.炮九平七 马3退5 19.前车退一 炮1平4

20.炮六进五 炮9平4 21.兵三进一 卒3进1

正着。黑方如改走车4平3,则兵七进一,车3退2,马七进六,红方多兵占优。

22.车八平七 马5进4 23.车七平八 车8平3

24.马七退六 象7进5 25.后车进一 车3平2

26.车八退一 车4平1 27.车八进一

红方多兵略优。

第二种走法:卒3进1

13.……………… 卒3进1 14.后车进四 炮1退1

15.相七进五 炮1平2 16.后车平九 炮2平3

17.兵七进一 车8平3 18.马七进六 马7进6

19.马六进四 ……………

红方兑马,正着。如误走仕六进五,则卒1进1,车九平八,炮3平2,马六进八,炮2进3,炮九进三,车3进2,炮九平四,车6退2,红方失子,黑方大占优势。

19.……………… 车6进2 20.车九平三 象7进5

21.炮九进四 卒9进1 22.兵九进一 炮3平1

双方均势。

第30局　黑右横车对红平边炮(九)

1.炮二平五 马8进7 2.马二进三 车9平8

3.车一平二 马2进3 4.兵七进一 卒7进1

5.车二进六 炮8平9 6.车二平三 炮9退1

7.马八进七 车1进1 8.炮八平九 车1平6

9.车三退一 炮2平1 10.车三平八(图30) ……………

如图30形势,黑方有三种走法:(一)马7进8;(二)车8进4;(三)车8进8。分述如下:

第一种走法:马7进8

10.……………… 马7进8

11.车九进一　马8进6

12.马七进六　…………

红方如改走车九平四，则车6进1，车八进二，车8进2，黑方足可与红方抗衡。

12.…………　炮1进4

13.车九平四　炮1平7

14.相三进一　车8进1

15.车八平四　…………

红方平车邀兑，减少黑方反击的可能性，稳健有力的走法。

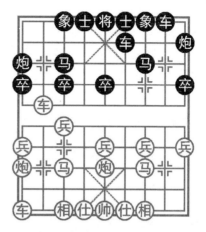

图30

15.…………　马6进8

黑方进马，保持变化。如改走车6进3兑车，则马六进四，马6进5，相七进五，车8平6，局面迅速简化成平稳之势。

16.炮九平七　象3进5　　17.兵七进一　…………

红方抓住黑方不肯轻易兑子简化局势的心理，乘机在黑方右翼发起了侧袭。

17.…………　象5进3　　18.前车进三　炮9平6

19.马六进五　马3进5　　20.炮五进四　炮6平7

21.炮七进二　…………

红方升炮催杀，可谓一击中的！黑如接走马8退7，则车四进四，黑方更难应付。

21.…………　车8进4　　22.炮七平五　车8平5

23.兵五进一　后炮进6　　24.仕四进五　…………

在逼迫黑方一车换双后，红方有空心炮之利且多中兵，优势迅速扩大。

24.…………　后炮平9　　25.兵五进一

红方优势。

第二种走法：车8进4

10.…………　车8进4　　11.车九平八　…………

红方可改走车八进二，炮9进1，车九平八，卒3进1，车八进四，红方仍持先手。

11.…………　车6进1

黑方应改走车6进3，红如接走车八进二，则炮9进1，黑方可以抗衡。

12.马七进六　车8平2　　13.车八进五　车6进3

14.兵五进一　炮1进4　　15.兵七进一　炮9平5

16.兵七进一　炮5进4　　17.仕四进五　马7进6

18.马六退七　炮1平3　　19.马七进五　马6进4

20.车八平七　炮5进2　　21.相三进五　炮3平7

22.兵七进一

红方多子占优。

第三种走法：车8进8

10.…………　车8进8

黑方进车下二路,新的尝试。

11.车九进一　车8平1　　12.马七退九　炮1进4

13.马九进七　炮1平3　　14.兵三进一　炮3进3

15.仕六进五　卒3进1

黑方挺卒捉车,抢先之着。

16.车八进二　炮3退4　　17.马七进九　炮3进1

18.炮九平七　马7进6　　19.马九退八　炮3退1

20.马八进六　炮9进1　　21.车八退五　车6进1

黑方优势。

第31局　黑右横车对红平边炮(十)

1.炮二平五　马8进7　　2.马二进三　车9平8

3.车一平二　马2进3　　4.兵七进一　卒7进1

5.车二进六　炮8平9　　6.车二平三　炮9退1

7.马八进七　车1进1　　8.炮八平九　车1平6

9.车三退一　炮2平1　　10.车九进一　…………

红方高左横车,防止黑方车8进8塞相眼再平炮打车的手段,稳健的走法。如改走兵三进一,则炮9平7,车三平八,马7进8,马七进六,马8进6,车八进二(如车八平三,则象7进5,车三进三,车6平7,马三进四,车7进4,黑方易走),炮1进4,炮九平七,炮1平9,对攻中,黑方易走。

10.…………　车6进1(图31)

黑方高士角车保马,含蓄待变之着。

如图31形势,红方有两种走法：(一)兵三进一；(二)马七进六。分述如下：

第一种走法：兵三进一

11.兵三进一　…………

红方进三兵活马,避免右翼受攻。

11.…………　卒3进1

黑方舍弃3卒困车,构思十分巧妙,是迅速反夺主动的有力之着。

12.车三平七　炮9平3

13.兵三进一　…………

红方再过一兵舍弃大车,无奈之着。如改走车七平三,则象7进5,车三进一,炮3平7,黑亦得车大占优势。

13.…………　炮1退1

14.车九平四　…………

红方献车,寻隙对攻,舍此也别无其他好棋可走。

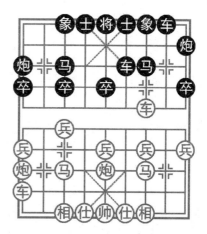

图31

14.…………　车6进6　　15.车七进二　炮3平5

16.兵三进一　…………

红方如改走车七平三,则象7进5,黑方下伏炮1平3和车8平7手段,亦占优势。

16.…………　象7进5　　17.兵三进一　车8平7

18.车七进一　车7进2

黑车吃兵,简明的走法。如改走炮1进1,也是黑占优势。

19.车七平九　车7进5　　20.仕六进五　炮5平7

黑方卸炮攻马,令红方顿感进退维谷。

21.车九平三　…………

红方如改走相三进一,则士6进5,车九退二,炮7平8,黑方大占优势。

21.…………　车7退6

黑方多子占优。

第二种走法:马七进六

11.马七进六　炮9平7　　12.车三平八　炮1进4

13.车九平六　炮1平7　　14.相三进一　车6平4

黑方平车拴链红方车马,正着。

15.炮九平七　前炮平8　　16.兵七进一　炮7进6

17.炮七平三　炮8进3　　18.相一退三　车4平6

19.仕六进五　车6进6　　20.马六进五　马7进5

21.炮五进四　马3进5　　22.炮三平五　车8进3

23.车六进五　士6进5　　24.炮五进四　将5平6

25.车八退三　卒3进1　　26.车八平三　象7进5

27.车六平九　卒3进1

黑方优势。

第32局　黑右横车对红平边炮(十一)

1.炮二平五　马8进7　　2.马二进三　车9平8

3.车一平二　马2进3　　4.兵七进一　卒7进1

5.车二进六　炮8平9　　6.车二平三　炮9退1

7.马八进七　车1进1　　8.炮八平九　车1平6

9.车三退一　炮2平1　　10.车九进一　炮9平7

黑方直接平炮打车,着法简明。

11.车三平八　马7进8

黑方外肋进马,展开对攻。

12.马七进六　…………

红方如改走车八平三,则象7进9,车三退一,车8进2,黑方反先。

12.…………　马8进6　　13.车九平四　车6进1(图32)

如图32形势,红方有两种走法:(一)车八进二;(二)车四进二。分述如下:
第一种走法:车八进二

14.车八进二　…………

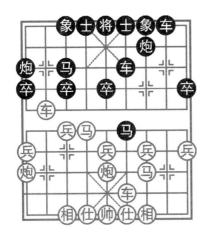

图32

红方进车拴链黑方车马,是近年出现的新应法。

14.…………　车8进2

15.车四进二　炮1进4

16.兵五进一　…………

红方如改走车八退四,则炮1退1,马六进七,马6进4,车四进四,马4进3,帅五进一,车8平6,车八退二,前马退4,帅五退一,车6进3,车八平六,车6平3,车六进二,车3退2,马三退五,象3进5,黑方优势。

16.…………　马6进8

黑方进马弃子抢攻,大局感极强的走法。

17.车四平九　马8进7　　18.帅五进一　车6进7

19.马六进五　象7进5　　20.车八平七　炮7进6

21.炮九退一　…………

红方如改走炮九平三，则马7退5，帅五进一，车8进5，也是黑方优势。

21.…………　马7退5　　22.帅五进一　车6平4

23.马五退四　炮7进1　　24.炮九进一　车4平5

25.帅五平六　车5平3

黑方胜势。

第二种走法：车四进二

14.车四进二　马6进4

黑方此时应以改走马6进8为宜，以下红如接走车八进二（如车八平四，则车6进2，马六进四，车8进4，双方平稳），则车6进4，马六退四，车8进2，兵五进一，车8平6，黑方满意。

15.炮五平六　车6进4　　16.马六退四　车8进6

17.车八进二　炮7进6　　18.炮九平三　车8平7

19.马四退五　…………

红方退马窝心，巧着！

19.…………　马3退5　　20.炮三进七　马5退7

21.马五进六　车7平5　　22.炮六平五　士6进5

23.马六进八

红方多相占优。

第33局　　黑右横车对红平边炮（十二）

1.炮二平五　马8进7　　2.马二进三　车9平8

3.车一平二　马2进3　　4.兵七进一　卒7进1

5.车二进六　炮8平9　　6.车二平三　炮9退1

7.马八进七　车1进1　　8.炮八平九　车1平6

9.车三退一　炮2平1　　10.车九进一　车8进6（图33）

黑方左车过河，对攻之着。

如图33形势，红方有两种走法：（一）马七进六；（二）兵三进一。分述如下：

第一种走法：马七进六

11.马七进六　炮9平7　　12.车三平六　车6进4

黑方进车瞄马，准备补象巩固阵形。如改走车8平7吃兵，则兵七进一，卒3

63

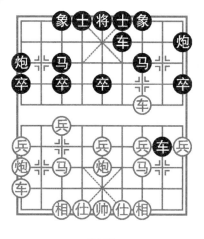

图33

进1,车六平七,车6进1,车九平七,红方占优。

13.车九平六　…………

红方平肋车双车保马,是正确的走法。如改走炮五平七,则卒3进1,车六平七(如车六进一,则卒3进1),车6平4,车七进二,象7进5,黑方占优。

13.…………　　象7进5

14.炮五平七　卒3进1

15.前车进一　卒3进1

16.炮七进五　…………

红方以炮兑马,正着。如改走马六进五,则马7进5,炮七进五,士6进5,前车平五,炮7进6,黑方有过河卒占优。

16.…………　车6平4　17.前车退二　卒3平4

18.车六进三　车8平7

黑方平车吃兵捉马,着法积极。如改走马7退5,则车六平三,炮7进5,马三退一,车8平9,卒9进1,炮九平五,马5进7,炮七进一,象5进3,炮五进四,将5进1,炮五平七,炮7平1,马一进三,车9平7,车三退一,前炮平7,后炮进三,马7进5,后炮平八,马5进6,马三退五,马6进8,双方各有顾忌。

19.相三进五　马7进6

黑方如改走马7退5,则炮七退四,黑无便宜。

20.车六平四　炮7进5　21.炮九平三　马6退4

22.炮三平二　车7平8　23.炮七退五　马4退2

黑方兵种齐全,略为易走。

第二种走法:兵三进一

11.兵三进一　车8平7　12.炮五平六　车6平4

黑方如改走炮9平7(如车7进1,则相七进五,车7退1,炮六进一,车7进1,马七进六,黑方失车),则车三平八,车6平4,相三进五,车4进5,车九平四,车4平3,马七退九,红方易走。

13.相三进五　卒5进1

黑方如改走炮9平7,则车三平八,卒5进1,车九平四,马3进5,仕四进五,车4进5,车四进五,象7进5,马七进八,车4平2,车八平五,炮1平4,车四进二,炮7进4,相五进三,车2退1,相七进五,红方优势。

14.车三平五　………

红方如改走车九平四,则卒5进1,兵五进一,车7平3,仕四进五,车3进1,车三平八,车4进5,兵五进一,车3退2,马三进四,车3平5,兵三进一,炮9进5,兵三进一,炮9平5,车四进二,车4进1,车四平五,车5进1,仕五进六,马7退5,马四进六,卒3进1,马六进七,马5进3,车八平七,象7进5,车七进二,车5退2,和势。

14.………　马3进5　　15.车九平四　炮1平5

16.车五平八　车4进5　　17.仕四进五　车4平3

18.马七退八　炮9进5

黑方炮9进5有嫌轻率,应改走卒3进1为宜。

19.炮九进四　………

红方炮打边卒,抢先之着。

19.………　车3平1　　20.炮九平五　马7进5

21.车四进五　马5进4　　22.车八平六　马4进5

23.相七进五　炮5进5　　24.帅五平四　士4进5

红方多子占优。

第34局　黑右横车对红平边炮(十三)

1.炮二平五　马8进7　　2.马二进三　车9平8

3.车一平二　马2进3　　4.兵七进一　卒7进1

5.车二进六　炮8平9　　6.车二平三　炮9退1

7.马八进七　车1进1

8.炮八平九　车1平6

9.车九平八　………

红方平车捉炮,准备一车换双,力争主动。

9.………　炮9平7

10.车八进七　炮7进2

11.车八平七(图34)　………

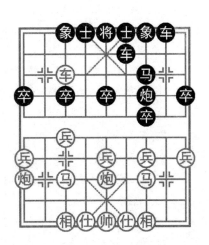

图34

如图34形势,黑方有两种走法:(一)车8进8;(二)炮7进3。分述如下:

第一种走法:车8进8

11.………　车8进8

黑方进车下二路,准备弃子攻杀,力争主动的走法。

12.炮五平六 …………

红方卸炮调整阵形,必走之着。如误走车七平三吃马,则炮7进3,车三平六,炮7进3,仕四进五,炮7平9,黑方弃子有攻势。

12.………… 炮7进3 13.相三进五 …………

红方如改走相七进五,则车8平6,相三进一,前车平3,马七进六,车6进4,车七平六,士6进5,车六退二,象7进5,黑方优势。

13.………… 车8平7 14.仕六进五 …………

正着。红方如误走仕四进五,则车6进7,炮九退一,车7进1,马三退四(如仕五退四,则车7平6,马三退四,炮7进3,黑胜),车7平8,炮九平四,炮7进3,黑胜。

14.………… 炮7平8 15.相五退三 车7进1

黑方如改走车1退1,则相七进五,车7进1,炮九退一,车7退2,炮六进一,车7进1,炮六平二,马7进8,车七平二,马8进7,炮二退二,红仍持先。

16.马三退一 炮8进2 17.炮九退一 车7平8

18.炮九平二 车8退1 19.车七平三 车8平9

双方均势。

第二种走法:炮7进3

11.………… 炮7进3

黑方炮击三兵,新的尝试。

12.相三进一 车8进1

黑方高左车形成"霸王车"伏兑车手段,正着。

13.车七进二 车6平3 14.车七平九 车3平1

15.车九平八 …………

红方如改走车九退一,则车8平1,马七进六,车1平4,马六进七,车4进7,炮九进四,卒7进1,相一进三,车4平7,黑方优势。

15.………… 车8平2 16.车八平七 车2平3

17.车七平八 车1平2 18.车八平九 卒3进1

19.兵五进一 …………

红方如改走兵七进一,则车3进3,马七进六,车3平4,马六退七,车2平3,黑方大占优势。

19.………… 卒3进1 20.兵五进一 士6进5

21.马七进五 卒3平4 22.车九退三 车3进8

23.炮五平七　车2进8　　24.仕四进五　卒4进1

黑方优势。

小结:黑高横车变例一反后手方以防御为主的策略,实施以攻为守的积极性防御。在此变例中,黑方力求以左翼的反击来抑制红方中路的攻势,但是由于黑方右车左移,其右翼马炮也易受到攻击。总之,这是一种对攻性很强的布局。

第三节　其他变例

第35局　红卸中炮对黑平炮逐车

1.炮二平五　马8进7　　2.马二进三　车9平8

3.车一平二　马2进3　　4.兵七进一　卒7进1

5.车二进六　炮8平9　　6.车二平三　炮9退1

7.马八进七　士4进5　　8.炮五平六　…………

红方卸中炮,准备调整阵形,稳步进取的走法。

8.…………　炮9平7　　9.车三平四　马7进8

10.车四退二(图35)　…………

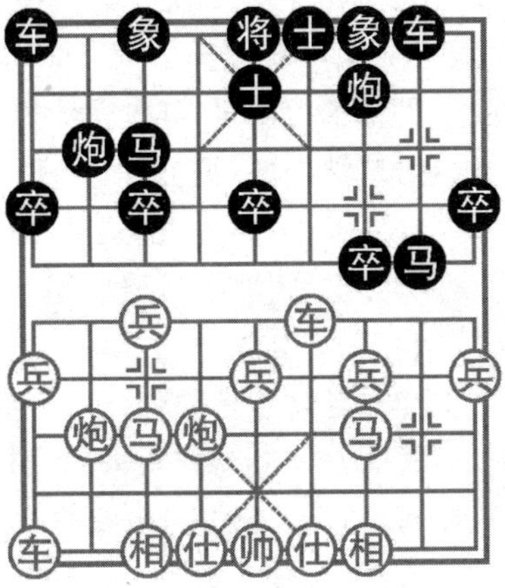

红方退车,正着。如改走车四平三捉炮,则马8退9,车三退一,象3进5,车三进二(如车三退一,则炮2进2,车三进三,车1平4,黑方反先),卒5进1,黑方易走。

如图35形势,黑方有三种走法:(一)马8进7;(二)马3退4;(三)车8进2。分述如下:

第一种走法:马8进7

10.…………　马8进7

11.仕六进五　…………

红方补仕,细腻的走法。如改走相七进五,则车8进2,炮八平九,车8平6,车四进三,炮2平6,车九平八,象3进5,马七进六,局势相对平稳。

11.…………　车8进2　　12.相七进五　车8平6

黑方如改走卒7进1,则车四进四,炮2退1,车四退二,卒7平8,车四平三,

图35

卒8进1,马七进六,马7退8,炮八平七,卒8进1,马三进二,马8退7,炮六平二,车8进3,车三进一,象3进5,马六进七,炮2平1,也是红方多兵较为易走。

13.车四平二 ………

红方平车避兑,正着。如改走车四进三,则炮2平6,黑不难走。

13.……… 象3进5 14.炮八平九 车1平2

15.车九平八 炮2进2

黑方如改走炮2进4,则兵七进一,卒3进1,马七进八,炮2平3,炮九平八,红方大占优势。

16.车八进四 卒7进1

黑方弃卒,准备续走炮2平7摆脱牵制。

17.车二进二 ………

红方进车下伏平三捉炮的手段,弈来十分机警,使黑方摆脱牵制的计划落空。如改走车二平三,则炮2平7,车八进五,马3退2,红方反而不好。

17.……… 炮7进3 18.马七进六 车6进3

19.马六进七 车2进3 20.炮九平七 卒7平8

21.炮七进一 ………

红方进炮捉马,简明有力之着。使黑方无隙可乘。

21.……… 炮7进3 22.炮六平三 马7退6

23.车二平四

黑方子力被牵,红方子力灵活,大占优势。

第二种走法:马3退4

10.……… 马3退4

黑方退马,准备右炮左移,对红方三路线进行反击。

11.马三退五 ………

红方退窝心马,改进后的走法。

以往红方曾走炮八进四,则卒7进1,车四进四,马4进5,马三退五,炮2退1,车四退三,卒5进1,车四平三,卒7平6,车三平五,卒6进1,相七进五,卒6平5,相五进三(如车五退二,则马5进4),马8进7,炮六平三,士5退4,黑方优势。

11.……… 马8进7

黑方如改走卒7进1,则车四平三,炮2平7,车三平二,前炮进7,马五退三,炮7进8,仕四进五,双方各有顾忌。

12.炮六平三 象3进5 13.炮八平九 车8进2

14.车九平八 车8平6 15.车四退一 ………

红方如改走车四进三,则炮2平6,马七进六,马4进3,马五进七,红方易走。

15.……………　车6进4　　16.马五进四　炮2退2

17.马七进六　马4进2　　18.炮九平八　炮2进7

19.车八进二　马2进4　　20.马六进五　车1进1

21.兵五进一　车1平2　　22.车八进六　炮7平2

23.兵五进一　炮2平1

黑方平炮瞄兵,准备谋取实利。

24.马五进七　炮1进5　　25.兵五平六　炮1平5

26.兵六进一　马4退3　　27.兵六平七　炮5平3

双方平稳。

第三种走法:车8进2

10.……………　车8进2

黑方高车准备策应右翼,灵活的走法。

11.相七进五　……………

红方飞相嫌软,应改走车四平二,黑如接走卒7进1,则车二平三,车8平7,车三平二,双方大体均势。

11.……………　马8进7　　12.炮八进一　车8平6

黑方平车邀兑,抢先的走法。

13.车四平六　……………

红方平车避兑,保持复杂变化。应以改走车四平二,马7退6,马三进四为宜。

13.……………　马7退6　　14.车六平四　象3进5

15.炮八平七　……………

红方如改走马三进二,则卒7进1,车四平三,马6进5,车三进四,马5进3,黑方易走。

15.……………　车1平4　　16.仕六进五　炮2进5

黑方献炮于对方炮口,争先取势的佳着。

17.炮六平八　炮7进6　　18.车四退二　车4进6

黑方进车捉炮,紧凑有力之着。

19.炮七进三　……………

红方进炮打卒,无奈。如改走车四平三,则车4平3,车九平七,马6进4,黑方优势。

19. ……………… 马6进5

黑方进马,兑子争先之着。

20.马七进五 车6进5 21.炮八平四 车4平5

黑方多卒且兵种齐全,占优。

小结:红卸中炮,是20世纪60年代一度流行的走法,进入90年代又再度流行。红卸中炮先稳固阵形,这是一种稳步进取的走法,近年来已较少出现。

第二章 五九炮过河车对屏风马平炮兑车

五九炮过河车对屏风马平炮兑车，是中炮对屏风马布局中最常见的一种布局阵势，自20世纪70年代开始流行，至今已发展成为庞大的布局体系。因为此布局攻防变化十分复杂，对攻激烈，所以擅长搏杀的棋手对它更有所偏爱。该布局现已成为大赛中较热门的布局之一。本章列举51局典型局例分别介绍这一布局双方的攻防变化。

第一节 红炮打中卒变例

第36局 黑炮打三兵对红退马窝心（一）

1.炮二平五　马8进7　　2.马二进三　车9平8

3.车一平二　马2进3　　4.兵七进一　卒7进1

5.车二进六　炮8平9　　6.车二平三　炮9退1

7.马八进七　士4进5　　8.炮八平九　车1平2

9.车九平八　炮9平7　　10.车三平四　马7进8

11.炮五进四　……………

至此，双方形成五九炮过河车对屏风马平炮兑车红炮打中卒变例。红方炮打中卒，是谋取实利的走法。

11.…………　马3进5　　12.车四平五　炮7进5

黑方进炮打兵攻相，稳健的应法。

13.马三退五　……………

红方马退窝心避开黑方7路炮的锋芒，是近年来比较流行的走法。

以往红方多走相三进五，卒7进1，马七进六，马8进6，车五退二，炮2进6，马六进七，车8进2，炮九平六，车2进2，黑方利攻利守，可以满意。

13.…………　炮2进5

黑方进炮封车限制红方左马的活动，同时化解了红方车八进六压制己方车炮的争先手段。

14.相七进五　……………

红方飞相固防,并为窝心马腾路,稳健的走法。

14.………… 卒7进1(图36)

如图36形势,红方有三种走法:(一)马七进六;(二)马五退七;(三)车五平七。分述如下:

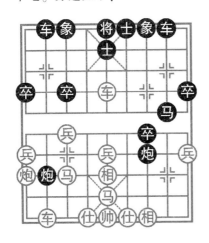

图36

第一种走法:马七进六

15.马七进六 车8进2

黑方如改走马8进6,则车五退二,车8进8,炮九退一,炮2进1,马五退七,炮2退3,仕六进五,车8退6,相五进三,车8平6,车八进二,车2进2,兵九进一,卒3进1,马七进六,红方优势。

16.马五退七 炮2退1

黑方退炮结成担子炮,有利于攻守。如改走炮2进1,则车五平七,马8进6,马六进四,红方主动。

17.炮九平六 马8进6

18.车五退二 …………

红方如改走车五平七,则车8平5,马六进四,车5进2,马四进二,车5进2,马二退三,车5退4,双方对抢先手。

18.………… 车8平6

双方互缠。

第二种走法:马五退七

15.马五退七 …………

红方退马,试探黑方应手。

15.………… 马8进6

黑方进马捉车,是力争主动的积极走法。

此外,黑方另有两种走法:①炮2进1,前马进六,马8进6,车五退二,车8进3,仕六进五,象3进5,相五进三,车8平6,炮九平四,马6进7,相三退五,炮7平1,车五进二,红方易走;②炮2退1,前马进六,车8进2,仕六进五,马8进6,车五平七,马6进4,炮九平六,红方易走。

16.车五退二 车8进8

黑方进车红方下二路,暗伏弃子取势手段,紧凑有力之着。

17.车八进二 …………

红方进车吃炮,正着。如改走仕六进五,则马6进5,帅五平六,马5退3,车五平三,马3进1,车八进二,车2进7,后马进八,车8退1,黑胜。

17.…………　车2进7　　18.后马进八　车8平2

19.马八进九　…………

红方如改走相五进三,则车2退1,车五平四,车2平1,车四退一,双方大体均势。

19.…………　车2退1　　20.炮九退一　卒1进1

21.马七进六

红方先手。

第三种走法:车五平七

15.车五平七　…………

红方平车吃卒谋取实惠,改进后的走法。

15.…………　车8进2　　16.相五进三　车8平7

17.炮九进四　车7进3

黑方应改走象3进5,较为顽强。

18.炮九平八　炮2退1　　19.兵五进一　…………

红方进中兵是上一回合平炮的后续手段,以下黑如改走炮2平3,则红方车七平二伏有吃马和平炮叫将抽车的手段,黑方难应。

19.…………　炮7平3　　20.车七平二　车2进3

21.车二平八　炮2平9　　22.前车平二　马8进7

23.马五进三

红方多子占优。

第37局　黑炮打三兵对红退马窝心(二)

1.炮二平五　马8进7　　2.马二进三　车9平8

3.车一平二　马2进3　　4.兵七进一　卒7进1

5.车二进六　炮8平9　　6.车二平三　炮9退1

7.马八进七　士4进5　　8.炮八平九　车1平2

9.车九平八　炮9平7　　10.车三平四　马7进8

11.炮五进四　马3进5　　12.车四平五　炮7进5

13.马三退五　炮2进5　　14.相七进五　车8进2

黑方高左车准备策应右翼,不失为灵活的走法。

15.马五退七　炮2退1

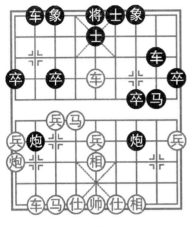

图37

黑方如改走炮2进1,则前马进六,卒7进1,炮九平六或车五平七,红方稍好。

16.前马进六(图37) ………

红方进前马,正着。如改走后马进六,则炮7进1,红方子力受牵,难讨便宜。

如图37形势,黑方有两种走法:(一)车8平4;(二)卒7进1。分述如下:

第一种走法:车8平4

16.……… 车8平4

17.车五退二 象3进5

黑方补象,巩固中防。如改走马8进9,则炮九平六,车4平6,车五平一,马9进8,仕六进五,炮7进2,兵七进一,炮2进2,兵七平八,红方优势。

18.仕六进五 马8退7 19.炮九平六 车4平2

20.马六进七 炮2平3

黑方平炮兑车,简化局势的走法。也可考虑改走前车进1,前马退五,前车进1,兵七进一,前车平3,马五退七,士5进4,炮六平九,士6进5,黑可坚守。

21.车八进七 车2进2 22.马七退五 车2进2

23.炮六退二 炮7进1 24.兵七进一 ………

红方弃兵打开僵持局面,大局感极强的走法。

24.……… 车2平3 25.马五退七 马7进6

26.后马进六 炮7平4 27.仕五进六 卒9进1

28.兵九进一 炮3平2 29.炮六进一 炮2退4

30.车五进二

红方优势。

第二种走法:卒7进1

16.……… 卒7进1

黑方弃7路卒伏马8进6反击,改进后的走法。

17.炮九平六 ………

红方平仕角炮守住要道,正着。如误走相五进三,则马8进6,车五退二,车8平6,相三进五,炮7平8,红方难应。

17.……… 马8进6 18.车五退二 ………

红方如改走车五平七,则车8平5,马六进四,车5进2,马四进二,车5进2,马二退三,车5退4,仕四进五,炮7进2,马三进四,士5进6,炮六进二,炮7平9,炮六平五,车5进3,马四退五,炮9进1,相三进一,炮2平8,帅五平四,车2进9,车七进三,将5进1,车七退一,将5退1,马五进六,象7进5,黑方胜势。

18.…………　车8平6　　19.仕六进五　卒7平8

20.车八进二　车6进1

黑方如改走马6进8,则炮六退一,炮7进2,车五平二,炮7平4,车二退一,炮2平8,车八进七,车6平3,马七进八,炮4平3,兵五进一,红方易走。

21.炮六退一　车2进2　　22.炮六平八　马6进7

23.帅五平六　车6退1　　24.炮八进二　车2进4

25.车八进一　炮7平2

黑方优势。

第38局　黑炮打三兵对红退马窝心(三)

1.炮二平五　马8进7　　2.马二进三　车9平8

3.车一平二　马2进3　　4.兵七进一　卒7进1

5.车二进六　炮8平9　　6.车二平三　炮9退1

7.马八进七　士4进5　　8.炮八平九　车1平2

9.车九平八　炮9平7　　10.车三平四　马7进8

11.炮五进四　马3进5　　12.车四平五　炮7进5

13.马三退五　炮2进5　　14.相七进五　车8进2

15.马五退七　炮2退1　　16.炮九进四　…………

红方炮轰边卒,一着两用,既防黑方车8平4占肋,否则车五平六兑车,又可伺机骚扰。

16.…………　卒7进1

17.相五进三　马8进6

18.车五平六(图38)…………

如图38形势,黑方有三种走法:(一)马6进4;(二)车8平1;(三)马6进7。分述如下:

第一种走法:马6进4

18.…………　马6进4

19.后马进六　车8平5

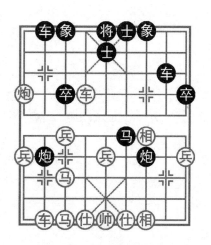

图38

20.马七进六　…………

红跃马弃中兵,力争对攻速度。

20.…………　　车5进4　　21.仕六进五　　车5退1

22.帅五平六

红方易走。

第二种走法:车8平1

18.…………　　车8平1　　19.炮九退二　　马6进7

20.相三退一　…………

红方退边相,防止黑方车1平6后再进6的手段。

20.…………　　车2进2　　21.仕六进五　　象3进5

22.兵一进一　　炮2平3　　23.车八进七　　车1平2

24.马七进九　　车2进3　　25.炮九进五　　车2平3

26.帅五平六　　炮3平4　　27.兵五进一　　车3进1

28.兵九进一　　炮7平8　　29.兵九进一　　马7退8

30.仕五进四　　马8退6

黑方如改走马8进6,则红方有马七退五化解的手段。

31.兵五进一　　马6进7

至此,红方多兵,黑方占势,比较之下黑方易走。

第三种走法:马6进7

18.…………　　马6进7

黑方进马攻相,攻击点准确。

19.相三退五　　车8平1　　20.车六平三　　车2进2

黑方高车,生根。如改走车1进1,则车三退三,炮2平7,车八进九,象7进5,兵五进一,红方多兵易走。

21.炮九退二　…………

红方如改走炮九平八,则车2平6,仕六进五,车6进6,相三进一,车1平8,车三平二,车8进1,炮九平二,炮7平8,黑亦占有攻势。

21.…………　　车2平6　　22.仕六进五　…………

红方如改走仕四进五,则车6进6,红方也难应付。

22.…………　　车6进6　　23.相三进一　　车1平8

24.兵五进一　　车8进7　　25.帅五平六　　马7进5

黑方马踏中仕,配合双车作杀,是迅速入局的凶悍有力之着!

26.帅六进一　　炮7进2　　27.仕四进五　　炮2平8

28.帅六进一　炮8进1　　29.仕五进四　…………

红方如改走车三退四,则车6退2,绝杀! 黑胜。

29.…………　车6平3

黑胜。

第39局　黑炮打三兵对红退马窝心(四)

1.炮二平五　马8进7　　2.马二进三　车9平8

3.车一平二　马2进3　　4.兵七进一　卒7进1

5.车二进六　炮8平9　　6.车二平三　炮9退1

7.马八进七　士4进5　　8.炮八平九　车1平2

9.车九平八　炮9平7　　10.车三平四　马7进8

11.炮五进四　马3进5　　12.车四平五　炮7进5

13.马三退五　炮2进5　　14.相七进五　车8进2(图39)

如图39形势,红方有两种走法:(一)
马七进六;(二)车五平七。分述如下:

第一种走法:马七进六

15.马七进六　卒7进1

16.马五退七　马8进6

17.车五退二　炮2退1

18.相五进三　车8平6

19.车八进二　炮2退1

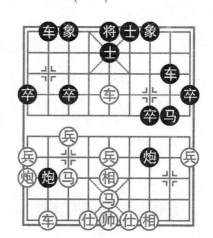

图 39

黑方退炮牵制红方车马,着法有力。

20.车八平四　炮2平4

21.车五平四　车6平4

22.前车退一　炮7进2

23.仕四进五　车2进9

24.后车平七　炮4进3　　25.炮九进四　炮4平3

26.相三进五　车4进6

黑方大占优势。

第二种走法:车五平七

15.车五平七　炮7平8　　16.兵七进一　马8进7

17.马五退七　炮8进3　　18.前马进六　马7进9

19.马六退四　…………

红方退马防止黑马袭槽作杀,机警之着。如改走车七平四,则马9进7,车四退五,车8平6,黑方有弃子抢攻的手段。

19.………… 车8平6 　20.车八进二 车6进4

21.仕六进五 马9进7

黑方如改走车2平1避兑,则炮九退一,也是红方优势。

22.帅五平六 车2平1 　23.炮九退一 马7退8

24.车八进一 …………

红方高车保兵,稳健细腻之着。

24.………… 象3进5 　25.车七平六 马8退6

26.马七进六 车6平8 　27.马六进五 马6进5

黑方如改走马6进7,则马五进四,车8平6,兵五进一,车6退1,帅六平五,也是红方大占优势。

28.车六退四 车8退3 　29.马五进六

红方胜势。

第40局　黑炮打三兵对红退马窝心(五)

1.炮二平五 马8进7 　2.马二进三 车9平8

3.车一平二 马2进3 　4.兵七进一 卒7进1

5.车二进六 炮8平9 　6.车二平三 炮9退1

7.马八进七 士4进5 　8.炮八平九 车1平2

9.车九平八 炮9平7 　10.车三平四 马7进8

11.炮五进四 马3进5

12.车四平五 炮7进5

13.马三退五 炮2进5

14.车五平一(图40) …………

红方车吃边卒,嫌缓。

如图40形势,黑方有两种走法:(一)炮7平8;(二)卒7进1。分述如下:

第一种走法:炮7平8

14.………… 炮7平8

黑方平炮,取势要着。

15.车八进一 …………

红方如改走马七进六,则马8进7,马五

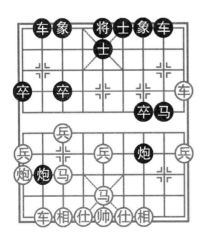

图40

进三,炮8进2,以后黑方伏有马7进9和卒7进1的反击手段,也是黑方易走。

　　15.…………　卒7进1　16.车一平六　马8进6

　　17.炮九退二　车8进2　18.炮九平八　…………

红方平炮,授人以隙,给黑方创造迅速入局的机会。

　　18.…………　马6进5　19.马五进三　炮2进2

　　20.车六退五　…………

红方如改走车八进八,则马5进7,帅五进一,炮8进2杀。

　　20.…………　车2进8　21.车六平八　车8平2

　　22.车八平二　马5进4

黑方胜势。

第二种走法:卒7进1

　　14.…………　卒7进1

黑方渡7卒,创新的走法。

　　15.车一退二　炮7平1

黑方如改走马8退6,则炮九进四,卒7平8,车一进二,马6进7(如马6进4,则炮九退二,卒8进1,车一平七,象3进5,兵七进一,红方多兵占优),相三进五,炮7平6,马五退三,车8进2,马七进六,红方易走。

　　16.车一平三　马8进9　17.车三平四　炮1平3

黑方平炮压马,含蓄有力的走法。

　　18.兵五进一　车8进6　19.兵五进一　车2进6

　　20.相三进一　炮2进1　21.车四平六　卒1进1

　　22.车六退三　炮2退1　23.马五退三　卒1进1

黑方有卒过河,易走。

第41局　黑炮打三兵对红退马窝心(六)

　　1.炮二平五　马8进7　2.马二进三　车9平8

　　3.车一平二　马2进3　4.兵七进一　卒7进1

　　5.车二进六　炮8平9　6.车二平三　炮9退1

　　7.马八进七　士4进5　8.炮八平九　车1平2

　　9.车九平八　炮9平7　10.车三平四　马7进8

　　11.炮五进四　马3进5　12.车四平五　炮7进5

　　13.马三退五　炮2进5　14.马五进四　…………

红方迅速跳出窝心马,明快的走法。

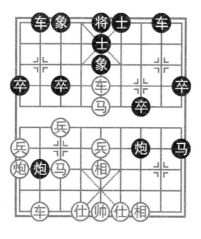

图 41

14.………… 象7进5
黑方补象,稳健的走法。

15.马四进五 马8进9

16.相七进五(图41) …………
如图41形势,黑方有两种走法:(一)车8进8;(二)马9进7。分述如下:

第一种走法:车8进8

16.………… 车8进8
黑车先进红方下二路,似不如改走马9进7。

17.车五平一 炮7平1
黑方还应改走马9进7,红方如接走车一退四,则车8平7,黑仍有对攻之机。

18.仕六进五 炮1平3 19.车八平六 …………
红车控肋,伏有车六进三捉炮的手段,局势渐趋扩大。

19.………… 马9进7 20.车六进三
红方优势。

第二种走法:马9进7

16.………… 马9进7 17.车五平四 …………
红方平肋车,稳健的走法。如改走马五进七,则车8进8,车五平四,炮7平9,前马退八,车2进3,车四退四,车2进2,车四平三,车2退2,车三进一,炮9进3,仕六进五,炮2平5,炮九平五,车2进6,马七退八,车8进1,仕五退六,炮9平7,仕四进五,炮7平4,仕五退四,炮4平6,马八进六,炮6退8,马六退四,士5进6,黑方优势。

17.………… 车8进8 18.车四退三 炮2退1

19.车四退一 马7进9 20.车四平一 …………
红方平边车别马,改进后的走法。如改走仕六进五,则马9退8,炮九退一,炮2进2,车四平三,马8进7,帅五平六,炮7平9,马五退四,炮9进2,马四退三,炮9平7,炮九进五,卒9进1,帅六平五,炮2退1,车三进一,炮7平6,马七进六,炮6退7,车三平四,炮6平7,黑可对抗。

20.………… 卒9进1 21.仕六进五 卒9进1

22.车八进二 车2进4 23.炮九退一 炮7进2

24.仕五进四 炮7退2 25.仕四退五 炮7进2

26.炮九平三 …………

红方兑掉黑方7路炮后,使黑方右翼车炮脱根,为己方以后谋子创造了有利条件。

26.…………　车8平7　　27.马五进七　卒9进1

28.车一平四　卒7进1

黑方如改走马9退8,则车四进四,车7退2,车四平六,也是红占优势。

29.前马退六　马9退8　　30.车四进四

红方优势。

第42局　黑炮打三兵对红退马窝心(七)

1.炮二平五　马8进7　　2.马二进三　车9平8

3.车一平二　马2进3　　4.兵七进一　卒7进1

5.车二进六　炮8平9　　6.车二平三　炮9退1

7.马八进七　士4进5　　8.炮八平九　车1平2

9.车九平八　炮9平7　　10.车三平四　马7进8

11.炮五进四　马3进5　　12.车四平五　炮7进5

13.马三退五　炮2进5　　14.马五进四　象7进5(图42)

如图42形势,红方有两种走法:(一)炮九进四;(二)车五平一。分述如下:

第一种走法:炮九进四

15.炮九进四　…………

红方炮打边卒,既谋得实利又伏兑车手段策应右翼。

15.…………　马8进9

黑方马踩边兵,从边线切入,是针锋相对的走法。如改走卒7进1,则马四进五,马8进6,车五平二,红方易走。

16.车五平二　车8进3

17.炮九平二　马9进8

18.仕六进五　炮7平5

19.帅五平六　…………

红方出帅,正着。如改走马七进五吃中炮,则炮2平5,红将丢车。

19.…………　炮5退3　　20.马四进三　炮5平7

21.马三退五　车2进6　　22.相七进五　炮7进4

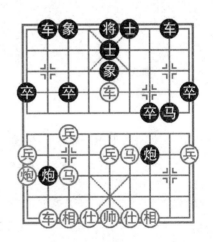

图42

23.马五进四　马8退7

双方大体均势。

第二种走法:车五平一

15.车五平一

红方车吃边卒,谋取实惠。

15.………　炮7平8

黑方平炮,准备沉底取势,灵活的走法。也可改走卒7进1,则马四进五,卒7平8,炮九进四,马8进6,车一平四,马6进8,车八进一,炮7平9,相七进五,车8平7,炮九退二,炮9进2,马五退四,炮2平1,车八平二,炮1退2,兵九进一,车7进6,马七进六,炮9退3,马六进七,车2进6,马四进五,车2平5,仕六进五,车5平2,车二平四,马8进7,帅五平六,炮9退3,帅六平五,炮9进6,马七退六,炮9平6,车四退五,马7退8,黑方胜势。

16.炮九进四　马8进7　　17.马四进五　炮8进3

18.车一平二　车8进3　　19.炮九平二　车2进4

20.马五进七　马7进9　　21.车八进一　………

红方高左车嫌软,应改走炮二退四,黑如接走车2平6,则车八进二,车6进5,帅五进一,车6平7,后马进六,红方多子占优。

21.………　车2平6　　22.仕六进五　车6退1

23.炮二进三　象5退7　　24.前马退六　马9进7

25.帅五平六　炮8退7

黑方退炮准备弃子取势,佳着。

26.兵七进一　………

红方如改走车八进一,则炮8平4,仕五进六,车6进6,帅六进一,车6平7,黑方弃子有攻势。

26.………　炮8平4　　27.兵七平六　车6平3

28.车八进一　车3进3　　29.帅六进一　炮4进3

黑方优势。

第43局　黑炮打三兵对红退马窝心(八)

1.炮二平五　马8进7　　2.马二进三　车9平8

3.车一平二　马2进3　　4.兵七进一　卒7进1

5.车二进六　炮8平9　　6.车二平三　炮9退1

7.马八进七　士4进5　　8.炮八平九　车1平2

9.车九平八　　炮9平7

10.车三平四　　马7进8

11.炮五进四　　马3进5

12.车四平五　　炮7进5

13.马三退五　　炮2进5

14.马五进四　　卒7进1

黑方冲卒,对攻性较强的走法。

15.马四进五(图43)　…………

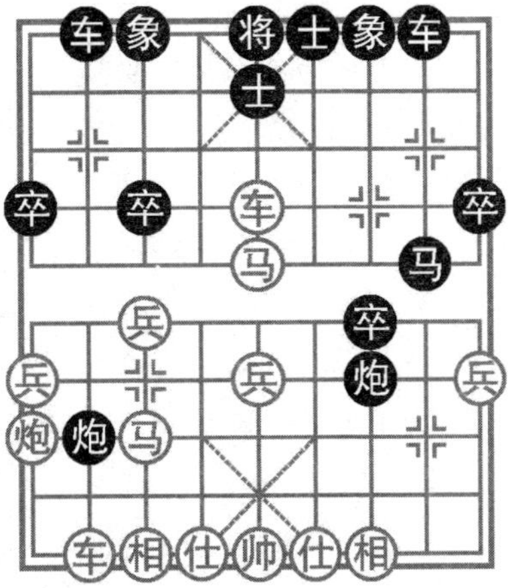

如图43形势,黑方有两种走法:(一)
马8进6;(二)卒7平8。分述如下:

第一种走法:马8进6

15.…………　　马8进6

16.车五平七　　车8进8　　17.车八进二　…………

红方弃车砍炮,凶狠有力,是取势的关键之所在。如改走相七进五,则车8
平6,车七平四,车2进3,车四进二,炮7平6,车四平二,炮6进3,黑方大占优势。

17.…………　　车2进7　　18.车七进三　　士5退4

19.马五进六　　将5进1　　20.马七进六　　车8平4

21.车七退一　　将5进1　　22.后马进七　　车4退5

23.马六进八　　将5平6　　24.炮九进四　　车2退4

25.马七进六　　士6进5　　26.炮九平六　　车2平4

27.车七退二　　车4平3　　28.马八退七

红方多兵占优。

第二种走法:卒7平8

15.…………　　卒7平8

黑方平卒,为黑马留出通道,机警之着。

16.车五平七　…………

红方如改走马五进三,则卒8平7,相七进五(如马三退五,则卒7平8,马五
进三,卒8平7,车五平七,车8进3,马三退五,车8平3,马五进七,马8进6,黑呈反
先之势),车8进3,马三进四,车8退2,马四退三,车8进1,车五平七,象7进5,炮
九进四,车8平6,兵七进一,马8进9,仕六进五,炮2平5,帅五平六,车2进9,马七
退八,车6进6,车七平六,象3进1,相三进一,马9进7,车六退四,炮7退3,车六平
五,车6退4,相一进三,车6平3,黑方优势。

16.…………　　象7进5　　17.马五进三　…………

图 43

83

红方进马限制黑方马8进6,改进之着。

以往红方多走炮九进四,马8进6,炮九平八,车8进4,兵五进一,车8平6,仕六进五,炮7退1,车八进二,炮7平5,相七进五,车6平5,双方均势。

17.………… 卒8平7　　18.炮九进四　车8平7

19.马七进六　炮7退3　　20.炮九平三　马8进6

21.马六进四　炮2平3　　22.车八进九　炮3退4

23.相七进五　炮3平6

黑方如误走车7进3,则红方马四进五,黑方难应。

24.炮三平二　马6进4　　25.车八退三

红方优势。

第44局　黑炮打三兵对红退马窝心(九)

1.炮二平五　马8进7　　2.马二进三　车9平8

3.车一平二　马2进3　　4.兵七进一　卒7进1

5.车二进六　炮8平9　　6.车二平三　炮9退1

7.马八进七　士4进5　　8.炮八平九　车1平2

9.车九平八　炮9平7　　10.车三平四　马7进8

11.炮五进四　马3进5　　12.车四平五　炮7进5

13.马三退五　炮2进6　　14.马七进六　…………

红方跃马河口,稳健的走法。如改走车五平一,则炮7平8,马五进四,炮8进3,马四进三,马8进7,马三退一,车8进5,炮九进四,车2进7,炮九退二,马7进9,车一平三,车8进3,仕六进五,车2平3,黑方多子胜势。

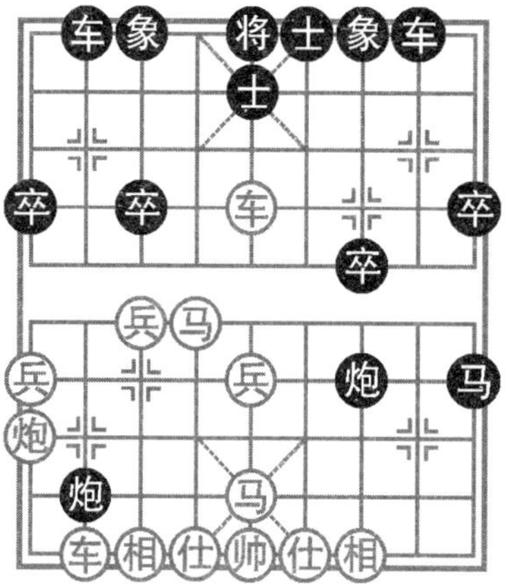

14.………… 马8进9(图44)

如图44形势,红方有三种走法:(一)炮九平六;(二)相七进五;(三)马五进七。分述如下:

第一种走法:炮九平六

15.炮九平六　…………

红方平炮调整阵形,准备进马后再炮六进二改从中路进攻。

15.………… 车8进2

16.相七进五　车8平6

图44

17.马五进七　炮7进1　　18.车五平一　车6平9

黑方兑车,无奈。如改走炮7平4,则车一退三,车2进7,仕六进五,炮4进1,兵五进一,车6平2,兵五进一,炮2平1,车八平九,炮1平2,车九平六,炮4退2,车六进三,前车平3,车六平八,车3平2,车八退一,车2进5,马六进七,炮2平1,帅五平六,红方稍好。

19.车一进一　象7进9　　20.炮六退一　车2进7

21.炮六平一　象9退7　　22.炮一进一　卒7进1

23.仕六进五　车2退5　　24.马六进四

红方稍优。

第二种走法:相七进五

15.相七进五　马9进8　　16.车五平四　…………

红方不平车杀卒而控制右肋,可为窝心马跃出创造条件,稳健细腻的走法。

16.…………　车8进2　　17.马五进七　…………

红方如改走马五退七,则炮7平9,仕六进五,马8退7,马七进六,车8平2,兵七进一,前车进5,炮九进四,炮2平4,车八进二,车2进7,后马进八,车2进2,仕五退六,炮9平5,仕四进五,炮5平1,马八退九,车2退1,车四退三,炮4平1,炮九退五,车2平1,车四平三,和棋。

17.…………　车8平6

黑方如改走炮7进1,则炮九进四,车2进7,炮九进三,士5退4,炮九退四,炮7平3,马六退七,卒3进1,兵七进一,车2平3,车八进一,车3退3,炮九进四,车3退2,车八进八,象7进5,车八退一,车3进1,车四退五,车3平4,仕四进五,士6进5,车四进七,士5进6,车四平一,车8退2,车八退一,车4平6,相五退七,红胜。

18.车四进一　士5进6　　19.仕六进五　车2进3

20.炮九退一　象3进5　　21.马六进四　卒3进1

22.兵七进一　象5进3　　23.兵五进一　士6进5

24.兵五进一

红方主动。

第三种走法:马五进七

15.马五进七　车8进2　　16.车五平一　…………

红方平车吃卒,既谋取实惠又可逼黑马定位,可谓一举两得。

16.…………　马9退7

黑方退马,正着。如改走马9进8,则仕六进五,红方优势。

17.仕六进五 …………

红方如改走相七进五,则炮7进1,仕六进五,马7进5,红方无便宜可占。

17.………… 车8平4　18.相七进五　炮7进1

19.炮九进四　炮7平3　20.马六退七　马7进8

21.车一退四 …………

红方退车捉马,着法有力。

21.………… 车4平8　22.马七进六

红方主动。

第45局　黑炮打三兵对红退马窝心(十)

1.炮二平五　马8进7　2.马二进三　车9平8

3.车一平二　马2进3　4.兵七进一　卒7进1

5.车二进六　炮8平9　6.车二平三　炮9退1

7.马八进七　士4进5　8.炮八平九　车1平2

9.车九平八　炮9平7　10.车三平四　马7进8

11.炮五进四　马3进5　12.车四平五　炮7进5

13.马三退五　炮2进6　14.马七进六(图45) …………

如图45形势,黑方有两种走法:(一)卒7进1;(二)车8进2。分述如下:

第一种走法:卒7进1

14.………… 卒7进1

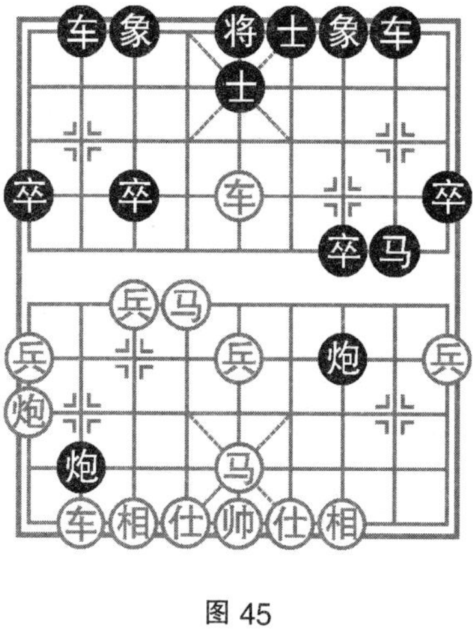

黑方冲卒,对攻之着。

15.马六进四 …………

红方如改走车五平七,则马8进6,炮九平六(如马六进四,则车8进2,马四进六,士5进4,马六退五,士6进5,前马进四,车8平7,炮九平六,象7进5,马五进七,卒7平8,相七进五,马6进8,仕六进五,炮7平9,黑有攻势),车8进4,车七退一,车8退2,车七平五,卒7平8,马五进四,马6进8,对攻中双方各有顾忌。

15.………… 马8退7

黑方退马逼兑,灵活的走法。

图45

86

16.马四进三　炮7退4　　17.车五平三　炮7平5

18.车三退二　车2进7　　19.相七进五　车8进8

20.车三平四　车8退2

纠缠中黑方较为易走。

第二种走法：车8进2

14.…………　车8进2　　15.炮九平六　…………

红方平炮仕角调整阵势，并可防止黑方车8平4捉马，稳健的走法。如改走车五平七吃卒牵制黑方右翼，则局势变化相对激烈复杂。

15.…………　卒7进1　　16.相七进五　马8进6

黑方如改走车8平6，则马五进七，马8进6，车五退二，卒7进8，仕六进五，马6进8，炮六退一，车6平8，马六进七，炮7平9，前马退六，象7进5，车五进一，炮9进2，炮六平一，马8进9，兵七进一，红方优势。

17.车五退二　车8进6

黑方进车下二路，伏有车8平6攻车的手段，是这一变例中常见的战术。

18.炮六退一　…………

红方退炮打车，减少黑方的反击能力，可谓针锋相对的走法。如改走马五进七，则车8平6，仕六进五，马6进7，相三进一，炮7平8，炮六退一，车6退6，黑方下伏炮8进3打将后再马7进5踏中仕的攻杀手段，显占优势。

18.…………　车8退1　　19.相五进三　…………

红相吃卒，只好如此。如误走炮六平七，则车8平6，马五进七，马6进7，仕六进五，炮2平5，黑方抢攻在前。

19.…………　炮2平5　　20.车八进九　炮5退3

21.相三退五　…………

红方退相巧着，是保持局势均衡的紧要之着。如改走兵五进一吃炮，则车8平4，黑可得子。

21.…………　炮5平3

黑炮打兵，弃还一子，亦具巧思。

22.炮六进一　车8退3　　23.相五进七　象7进5

双方均势。

第46局　黑炮打三兵对红退马窝心(十一)

1.炮二平五　马8进7　　2.马二进三　车9平8

3.车一平二　马2进3　　4.兵七进一　卒7进1

5.车二进六　炮8平9　　6.车二平三　炮9退1

7.马八进七　士4进5　　8.炮八平九　车1平2

9.车九平八　炮9平7　　10.车三平四　马7进8

11.炮五进四　马3进5　　12.车四平五　炮7进5

13.马三退五　卒7进1

黑方冲7卒,准备跃马捉车争先,是近年来流行的走法。

14.车八进四　…………

高车巡河,红车"生根",稳步推进。如改走车八进六,则马8进6,车五平七(不能车五退二,车8进8,炮九退一,车8退1,以下红如相三进五,则马6进5,相七进五,车8平5,车五平三,炮2平8,红八路车无根,红方丢车),车8进8,炮九退一,车8退1,炮九平八,车8平6,炮八进六,车6进1,马五进四,象3进5,马七进六,炮7平5,车八退三,车2进2,车八平五,卒7进1,车五退二,车6退1,车七平四,马6退8,车四退一,马8退7,车四进一,卒7平6,车四退三,和势。

14.…………　马8进6　　15.车五退二　车8进8

16.炮九退一　车8退1　　17.相三进五　炮7平8

黑方平炮既可进炮攻击红方底线,又可伺机退炮牵制红车,灵活有力的走法。如误走马6进5,则相七进五,车8平5,车五平三,红方多子占优。

18.马五退三　…………

红方退马捉车,先解除窝心马的弱点。

以往曾走炮九平八,则炮8退1,马七进六,车8平6,马五进七,炮8进4,仕四进五,车6平7,马六进五,车7进2,仕五退四,车7退3,仕四进五,马6退5,车五进二,卒7平8,车五平四,车7退4,形成双方各有顾忌的局面。

18.…………　车8平7　　19.炮九平八　…………

红方如改走马七退五,则马6进5,相七进五,车7进5,车五平三,车5退1,马三进二,车5进1,马二进四,车5平6,马五进三,车6退1,炮九平八,车6退4,黑方夺回一子,主动。

19.…………　炮8退1　　20.炮八进六　象3进5

黑方补象巩固阵势,力求稳健的走法。

21.马七进六(图46)　…………

红方进马,紧凑的走法。如改走仕六进五,则马6进5,相七进五,炮8平5,兵五进一,车7平5,马七进六,车5退2,马六进七,卒7平6,马三进四,车5进1,兵七进一,车5平3,黑不难走。

如图46形势,黑方有两种走法:(一)马6进5;(二)马6退7。分述如下:

88

第一种走法:马6进5

　21.…………　　马6进5

　22.相七进五　　炮8平5

　23.兵五进一　　卒7平6

　24.兵五进一　　车2平4

　黑方如改走卒6平5,则马六进七,车7平5,仕四进五,红方多子占优。

　25.兵七进一　　…………

　红方弃兵,延缓黑方右车出击速度,机警之着。

　25.…………　　卒3进1

　26.炮八进二　　车4进2

　27.兵五进一　　士5进6

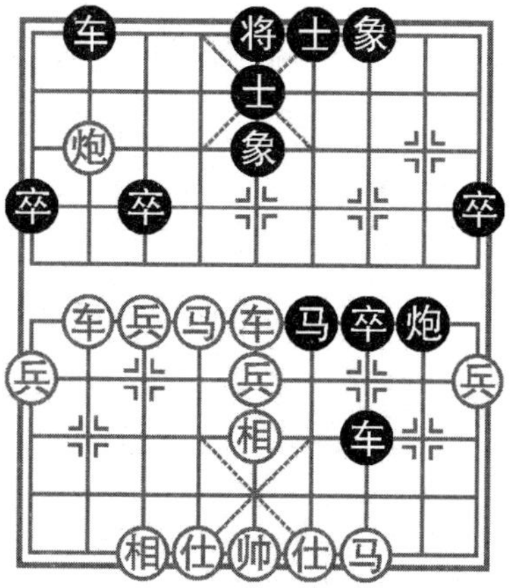

　黑方如改走卒6平5,则马六进七,车7平5,仕四进五,也是红方抢攻在先。

　28.炮八平九　　卒3进1　　29.车八平七　　车4进2

　30.车七平八　　车7退3　　31.马三进四　　车7平5

　32.兵五平四　　卒6平5　　33.马四进三　　车5平7

　34.马六退八

　红方多子胜势。

图 46

第二种走法:马6退7

　21.…………　　马6退7　　22.车五进二　　炮8平4

　23.兵七进一　　马7进8　　24.车五平六　　炮4平6

　25.兵七进一　　…………

　以上回合黑方虽得一子,但被红方七路兵乘机过河助战,局面仍是红占主动。

　25.…………　　炮6退3　　26.炮八退一　　马8进9

　27.仕六进五　　卒7进1

　黑方应改走卒7平6弃卒,及时畅通车路。

　28.帅五平六　　士5进4

　黑方扬士,无奈之着。如改走炮6进6捉马,则炮八退一,车7进2,炮八平五,车2平1,车八平六,红方速胜。

　29.兵七进一　　士6进5　　30.车八平三　　卒9进1

　31.马三进四

　红方优势。

第47局　黑炮打三兵对红退马窝心（十二）

1.炮二平五	马8进7	2.马二进三	车9平8
3.车一平二	马2进3	4.兵七进一	卒7进1
5.车二进六	炮8平9	6.车二平三	炮9退1
7.马八进七	士4进5	8.炮八平九	车1平2
9.车九平八	炮9平7	10.车三平四	马7进8
11.炮五进四	马3进5	12.车四平五	炮7进5
13.马三退五	卒7进1	14.车八进四	马8进6
15.车五退二	车8进8	16.炮九退一	车8退1
17.相三进五	炮7平8	18.马五退三	车8平7
19.炮九平八	炮8退1	20.炮八进六	马6进5

黑马踏相,展开反击。

21.相七进五	炮8平5	22.兵五进一	…………

红方挺兵吃炮,出于无奈。如改走炮八平五,则象7进5,车八进五,车7平5,仕六进五,炮5退1,黑方优势。

22.…………	车7平5	23.仕四进五	象3进5
24.马七进六	车5退2	25.马六进七	卒7平6
26.马三进四	车5进1		

黑方进车控制兵线,正着。如改走车5进2,则马四进二,卒6平7,马二进三,车2平1,马三进二,车5退4,兵七进一,车5平8,马七退五,象5进3,马二进三,车8平5,炮八平一,象3退5,马三退二,士5进6,炮一进二,象5退7,马二退三,红方胜势。

27.兵七进一　车5平3(图47)

如图47形势,红方有两种走法:(一)马七退五;(二)车八进一。分述如下:

第一种走法:马七退五

28.马七退五　…………

红方如改走马七进六,则车2进1,马六退五,卒6进1,马四进二,车3平5(如卒6平7,则马二进三,红方易走),马二进四,士5退4,马五进三,象5进3,纠缠中黑不难走。

28.…………　车3退2

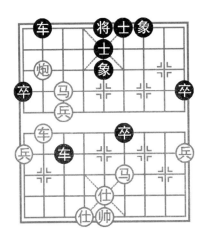

图47

29.马四进六 …………

红方如改走马五退六,则车3退3,马六进四,车3平2,黑可得回一子,占据残局优势。

29.…………　车3平4　30.车八退一　卒6平5

31.马五退三　车4平7　32.马三退四　卒5进1

33.马六退七　车2平3　34.车八平五　车3进8
黑方优势。

第二种走法:车八进一

28.车八进一 …………

红方进车保兵,新的尝试。

28.…………　车3退2　29.车八平七　象5进3

30.炮八进一　车2平3　31.马七退五　象3退5

32.马四进六　卒6平5　33.马六进八 …………

红方进马,准备与另外一马结成连环,稳健的走法。

33.…………　车3进6　34.马八进七　车3退2
黑方退车管马,稳健的走法。如改走车3平1吃兵,则变化较多。

35.炮八退二 …………

红方可考虑改走炮八退六,以准备谋卒为宜。

35.…………　卒9进1
黑不难走。

第48局　黑炮打三兵对红退马窝心(十三)

1.炮二平五　马8进7　2.马二进三　车9平8

3.车一平二　马2进3　4.兵七进一　卒7进1

5.车二进六　炮8平9　6.车二平三　炮9退1

7.马八进七　士4进5　8.炮八平九　车1平2

9.车九平八　炮9平7　10.车三平四　马7进8

11.炮五进四　马3进5　12.车四平五　炮7进5

13.马三退五　卒7进1　14.车八进四　马8进6

15.车五退二　车8进8　16.炮九退一　车8退1

17.相三进五　炮7平8　18.马五退三　车8平7

19.炮九平八　炮8退1　20.炮八进六　马6进5

21.相七进五　炮8平5　22.兵五进一　车7平5

23.仕四进五　象3进5　　24.马七进六　车5退2

25.马六进七　卒7平6　　26.马三进四　车5进1(图48)

如图48形势,红方有两种走法:(一)车八进一;(二)车八进二。分述如下:

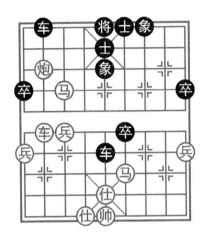

图 48

第一种走法:车八进一

27.车八进一　卒6进1

28.马四退六　车5退1

黑方如改走车5平4,则马六进八,车4平1,炮八进一,车1平5,马八进九,红有攻势。

29.兵七进一　车5平3

30.马六进八　车3进2

31.马八进九

红方优势。

第二种走法:车八进二

27.车八进二　卒6进1

28.马四进二　车5退1

黑方退车巡河,改进之着。如改走卒6平7,则马二进三,卒7进1,马三进二,卒7进1,马二退四,车5平7,马七退五,卒7平6,仕五退四,车2平4,马五进六,车4进2,马四进六,士5进4,车八平九,红方多子占优。

29.马二进三　车5平7　　30.马三进五　…………

红方马进中路,无奈之着。如改走马三进二,则车7退2,也是黑方占优。

30.…………　卒6进1　　31.马五退六　卒6进1

32.仕五退四　车2平4　　33.仕六进五　…………

红方如改走炮八进二,则车4进4,炮八平九,卒6进1,帅五平四,车4平8,车八进三,士5退4,车八退四,象5退3,车八平五,车8平5,马七退五,车7平4,黑方胜势。

33.…………　象5进3

黑方扬象别马,攻守两利之着。

34.马六退七　车4进3　　35.炮八平七　士5进6

黑方露将作攻,一击中的!令红方难以应付。

36.后马进五　卒6平5　　37.仕四进五　车7进4

38.仕五退四　车4进3

黑方优势。

第49局　黑献7卒对红进兵吃卒（一）

1.炮二平五　马8进7	2.马二进三　车9平8
3.车一平二　马2进3	4.兵七进一　卒7进1
5.车二进六　炮8平9	6.车二平三　炮9退1
7.马八进七　士4进5	8.炮八平九　车1平2
9.车九平八　炮9平7	10.车三平四　马7进8
11.炮五进四　马3进5	12.车四平五　卒7进1

黑方献卒，准备弃马抢攻，对攻性极强的走法。

13.兵三进一　马8进6

黑方先弃7路卒再弃马，是积极抢攻的战术。黑方不能走炮7进6，否则红方炮九平三，马8进6，车五平二，红优。另如改走炮2进5，则车五平三，马8退9，车三进一，象3进5，马七进六，车8进3，马六进四，车8平6，兵三进一，车2进1，马三进二，车6平8，兵三进一，车8进1，兵三平二，炮2退5，炮九平二，车8进1，马四退二，炮2平7，车八进八，后炮平2，兵二进一，炮7进4，兵九进一，炮2进1，兵二平一，炮2平9，马二进四，炮7退1，炮二平一，炮9进4，炮一进四，炮7平1，马四进六，炮1平2，炮一平七，红方优势。

14.马三进四　炮7进8　15.仕四进五　炮7平9

16.车八进四　…………

红方高车"生根"兼防黑方进炮封车，势在必行。

16.…………　车8进9　17.仕五退四（图49）…………

如图49形势，黑方有两种走法：（一）象3进5；（二）车2进1。分述如下：

第一种走法：象3进5

17.…………　象3进5

黑方飞右象，图谋弃右炮用双车炮构成强大攻势，铤而走险的走法。如改走车8退2，则仕四进五，车8平3，炮九平八，车3平8，炮八进五，车8进2，仕五退四，车8退7，仕四进五，车2进2，车八进三，车8平2，车五平七，红方多兵占优。

18.炮九平八　…………

红方平炮牵制黑方车炮，正确的选择。

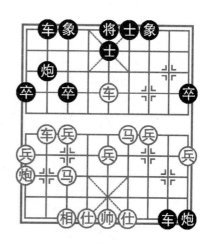

图49

如改走炮九进四,则车2平1,车八进三,车1进3,黑有攻势。

18.…………　车2平4　　19.车八进三　…………

正着。如改走炮八进五,则车4进8,炮八平七,将5平4,黑方下一手将肋车平到红方右翼,攻势凶悍。

19.…………　车4进8　　20.车八平九　士5进6

黑方扬士,避开红方车炮抽将的攻杀手段,顽强的走法。

另有三种走法:①车4平7,车九进二,士5退4,炮八进七,士4进5,炮八平四(如相七进五,则车8退1,仕四进五,车7进1,仕五退四,车7退4,仕四进五,车7进4,仕五退四,车7退1,仕四进五,车8进1,仕五退四,士5进6,炮八退四,将5进1,炮八平五,车8退6,相五退三,车8平5,马四进五,红方多两子且有攻势,胜局已定),士5退4,车五退二,黑方双车炮无杀,难解红方车五平六绝杀,红胜;②象5退3,车九进二,象7进5,车五进一,车8退7,仕四进五,车8平5,车九平七,士5退4,炮八进七,车5平2,马四进五,红优;③将5平4,炮八进二,象5退3,车九进二,象7进5,炮八进五,象3进1,马七进六,将4平5,炮八退一,士5退4,车五进一,士6进5,车九退二,车4平2,炮八平九,红方多子胜势。

21.车九进二　将5进1　　22.车五平三　将5平4

23.车三进二　…………

红方进车叫将,攻击点十分准确。

23.…………　士6退5　　24.车九退一　将4退1

25.马四进五　车8退8

黑方如改走车8退6,则仕四进五,车8平5,车九进一,将4进1,车三平二,红方多子大占优势。

26.仕四进五　车8平7　　27.车九进一　将4进1

28.马五进七

红方胜势。

第二种走法:车2进1

17.…………　车2进1　　18.炮九进四　…………

红方如改走炮九平八,则炮2平8,炮八进六(如相七进五,则车8退1,相五退三,车8平6,马四退三,车2进4,马七进八,车6退1,马八进七,车6平2,黑方优势),车8退6,仕四进五(如帅五进一,则车8进5,帅五进一,炮8进5,绝杀,黑胜),车8平5,仕五进四,车5平8,黑方攻势强大。

18.…………　车2平4

黑方如改走车2平1,则车八进二,车1退1,炮九平七,卒9进1,相七进五,炮

2平6,炮七退一,象3进5,炮七平五,红方易走。

19.车八进二　象3进1　　20.相七进五　车4进7

21.马七退五　…………

红方马跳窝心,适时的防守要着。

21.…………　将5平4　　22.车八退六　炮2进1

黑方如改走炮2平6,则相五退三,红方多子胜定。

23.车五平七　车8退2　　24.相五退三　车8平2

25.车八平九　车2平6　　26.马五进三　炮2进1

27.兵七进一　车4平7　　28.仕六进五　车6退1

29.车九平六　将4平5　　30.炮九平一　…………

红方炮打边卒邀兑,是争先取势的紧要之着。

30.…………　炮9退6　　31.车七平一　车7退1

32.车一平八　士5退4　　33.马四进五

红胜。

第50局　黑献7卒对红进兵吃卒(二)

1.炮二平五　马8进7　　2.马二进三　车9平8

3.车一平二　马2进3　　4.兵七进一　卒7进1

5.车二进六　炮8平9　　6.车二平三　炮9退1

7.马八进七　士4进5　　8.炮八平九　车1平2

9.车九平八　炮9平7　　10.车三平四　马7进8

11.炮五进四　马3进5　　12.车四平五　卒7进1

13.兵三进一　马8进6　　14.马三进四　炮7进8

15.仕四进五　炮2进6

黑方进炮限制红方左车活动,正着。

16.炮九进四　车8进9

黑方沉车底线,防止红方车五平二兑车。如改走车8进7(如炮7平9,则车五平二),则车五平二,车8平3,相七进五,炮7退1(如炮7平9,则车二平七,红方子力灵活,多兵占优),车二平七,象3进5,炮九平一,炮2退1,炮一平五,炮7平8,帅五平四,车2平4,车七平八,炮8退1,后车平七,车3进2,相五退七,红方优势。

17.相七进五　炮7平4　　18.仕五退四　炮4平6

19.马四退三　炮6平2

正着。如改走炮2平7,则帅五进一,车2进9,马七退八,炮6退2(如车8退2,

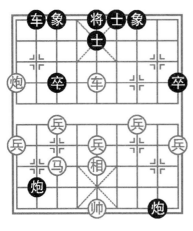

图50

则马三进四，炮6平9，车五平二，红方优势)，相五退三，车8平7，马八进七，车7平3，马七进六，车3退1，帅五进一，炮6进1，车五平七，红方多子占优。

20.马三退二　　前炮平8(图50)

如图50形势，红方有两种走法：(一)车五平七；(二)帅五进一。分述如下：

第一种走法：车五平七

21.车五平七　　车2进7

黑方如改走炮2平9，红方则炮九平一兑炮，红方易走。黑方又如改走炮2平7，则炮九平八，象3进5，车七平六，黑方攻势亦难发展。

22.马七进六　…………

红方跃马河口，新的尝试。如改走车七平二，则2平3，炮九平五，象3进5，车二退六，炮2退1，车二进六，炮2平5，炮五平一，炮5平9，炮一退四，车3平9，车二平五，车9退1，兵九进一，车9进3，帅五进一，车9退1，帅五退一，车9平1，形成巧和局面。

22.…………　　炮2平7　　23.车七平二　　炮7平8

24.车二平四　　卒9进1

黑方挺边卒，细腻有力之着。如改走前炮平9，则炮九平一，炮9退6，车四平一，车2平4，车一平六，炮8平4，帅五进一，炮4退3，兵九进一，黑炮被拴死，红方多兵占优。

25.车四退四　　后炮平7

黑方如改走车2进2，则帅五进一，车2退6，炮九退一，象3进5，兵七进一，车2进2(应改走车2进5，帅五退一，前炮平9，车四平一，炮8平9，车一平二，象5进3，黑方大有攻势)，马六进四，前炮平9，车四平一，炮9平2，相五进七，车2进3，帅五退一，炮8平3，炮九平八，黑方无奈，红方多兵占优。

26.车四平二　　炮8平9　　27.兵七进一　　象3进5

28.兵七进一　　炮9退1　　29.车二退一　　炮7平1

30.车二进四　　炮1退5

黑方多子占优。

第二种走法:帅五进一

21.帅五进一　…………

红方升帅阻隔黑炮,防止黑炮左移形成夹车炮的攻势。

21.…………　炮2平3

黑方平炮,阻止红方车五平七杀卒,如改走车2进7,则马七进六,以下黑方有两种走法:①车2平4,马六进七,炮8平4,炮九进三,象3进5,马七进九,炮4退1,帅五退一,车4平5,帅五平四,车5平7,马九进七,炮4退7,车五平八,红方优势;②炮2平3,相五退七,象3进5,车五平二,炮8平4,马六进七,车2退4,马七进五,车2平8,马五进三,将5平4,马三退二,红方优势。

22.车五平七　…………

红方如改走马七进六,则车2进4,马六进七,炮8平2,马七退五,炮2退1,帅五退一,车2进3,车五平六,象3进1,帅五平六,炮2进1,车六进二,车2进1,帅六进一,炮3退2,帅六进一,炮2平4,炮九平六,炮4退6,车六退二,车2退1,帅六退一,车2平5,车六退三,炮3平5,兵三进一,演成双方各有千秋之势。

22.…………　炮8退2　23.相五退三　车2进7

24.车七进三　士5退4　25.帅五平六　车2平3

26.车七平六　将5进1　27.车六退七　车3退2

28.车六平二　车3平7　29.车二进四

红方优势。

小结:红炮打中卒变例以谋取实利为主要战略目的。从理论上说以中炮兑掉黑方较弱的3路马并不划算,但可取得中卒实利,打通卒林,并使黑方右翼车炮脱根,亦有所得。红方右翼易遭反击,是其弱点。此变例进入21世纪,又有了很大的发展。

第二节　红炮打边卒变例

第51局　红炮打边卒对黑进7卒(一)

1.炮二平五　马8进7　2.马二进三　车9平8

3.车一平二　马2进3　4.兵七进一　卒7进1

5.车二进六　炮8平9　6.车二平三　炮9退1

7.马八进七　士4进5　8.炮八平九　车1平2

9.车九平八　炮9平7　10.车三平四　马7进8

11.炮九进四 …………

至此,形成五九炮过河车对屏风马平炮兑车红炮打边卒变例。红方炮打边卒,意在威胁黑方中卒,并形成多兵之势。

11.………… 卒7进1

黑方冲7卒捉车,对攻的走法。

12.炮五进四 …………

红方炮打中卒,是近年改进的走法。

以往多走炮九平五,象3进5,车四平三,马8退9,车三退二,车8进3,马七进六(红方不能炮五退二,否则黑方马9进7,红车陷入困境),炮2进3,形成红方多兵、黑方车马被拴的两分局面。

12.………… 象3进5

黑方补象,正着。如改走马3进5,则炮九平五,象3进5,车四平三,马8退9,车三退二,车8进3,马七进六,炮2进3,车三进三,红方多兵占优。

13.车四平三 马8退9

黑方退马,常见的应法。如改走马8进6,则车三进二,马3进5,炮九平五,马6退5,车三退四,红方多兵占优。

14.车三退二 炮2进5

黑方进炮打马,力争主动的走法。

黑方另有两种走法:①马3进5,炮九平五,车8进3,马七进六,炮2进3,车三进三,车2平4,车八进四,车4进5,炮五退二,红方易走;②炮2进4,炮五平六,车8进4,马三退五,卒3进1,炮九退二,车8平4,炮六平二,马3进5,兵七进一,车4平3,马七进六,红方多兵易走。

15.马三退五 卒3进1

黑方如改走马3进5,则炮九平五,车8进3,马五进六,车8平5,车八进二,车2进7,马六退八,马9进7,车三平五,车5平4,仕四进五,炮7进5,马八进九,炮7退2,车五平六,车4进2,马七进六,炮7平4,兵五进一,士5进6,马九退七,红方多兵易走。

16.马五进六(图51) …………

红方进马捉炮,巧妙之着。

如图51形势,黑方有两种走法:(一)马3进5;(二)马3进1。分述如下:

第一种走法:马3进5

16.………… 马3进5

黑方马踏中炮,是比较流行的应法。黑如逃炮,则红可马六进七妙解双炮之围。

17.车八进二　车2进7

黑方兑车,正着。如改走车2平1,则车八进四,马5进7,车三平四,马7进8,相七进五,卒3进1,马六进五,卒3进1,车八平四,红方优势。

18.马六退八　马5进7

19.车三平六　…………

红方平车六路,改进后的走法。如改走车三平四,则车8进3,炮九退二,马7进8,相七进五,马8进7,车四退三,车8平6,帅五进一,车6平2,炮九平八,车2平4,马七进六,车4平2,马六退七,车2平4,双方不变作和。

19.…………　马7进6

黑方如改走车8进3,则炮九平六,马7进8,相七进五,红方优势。

20.相七进五　马6进7

黑方如改走车8进3,则炮九平六,马6进7,帅五进一,车8平6,帅五平六,炮7平8,仕六进五,炮8进7,帅六退一,炮8退1,仕五进四,马9进7,兵七进一,马7进6,仕四退五,红方多兵占优。

21.帅五进一　车8进8　　22.帅五平六　马7退5

23.仕六进五　车8退5　　24.相三进五　车8平1

25.兵七进一　象5进3　　26.马八进九

红方多兵占优。

第二种走法:马3进1

16.…………　马3进1　　17.车八进二　车2进7

18.马六退八　车8进3　　19.马七进六　卒3进1

20.马八进七　马1进3　　21.炮五退一　…………

红方退中炮,改进后的走法。如改走炮五平七,则车8平4,车三平二,士5进4,炮七进二,炮7进8,仕四进五,马9进7,马六进四,车4进1,车二退四,车4平6,车二平三,马7进5,车三平四,车6平7,马七进五,车7平5,车四进三,车5退1,红方多兵略优。

21.…………　车8平4

黑方如改走车8平2,则车三进三,马9进7,炮五平二,炮7平9,马六进四,车

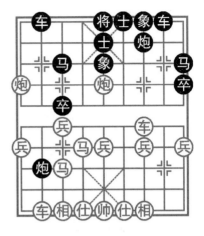

图 51

2平6,马四进二,炮9进5,车三平五,红方优势。

22.炮五平二　马9进7　　23.马六进四　车4平6

24.炮二进一　车6进1　　25.车三进二

红方多兵占优。

第52局　红炮打边卒对黑进7卒(二)

1.炮二平五　马8进7　　2.马二进三　车9平8

3.车一平二　马2进3　　4.兵七进一　卒7进1

5.车二进六　炮8平9　　6.车二平三　炮9退1

7.马八进七　士4进5　　8.炮八平九　车1平2

9.车九平八　炮9平7　　10.车三平四　马7进8

11.炮九进四　卒7进1　　12.炮五进四　象3进5

13.车四平三　马8退9　　14.车三退二　炮2进6

黑方进炮压车,是对炮2进5之着的改进。

15.炮五平六(图52)　…………

如图52形势,黑方有两种走法:(一)车8进7;(二)车8进8。分述如下:

第一种走法:车8进7

15.…………　车8进7　　16.马三退五　卒3进1

17.炮九退二　马3进5　　18.相三进五　…………

红方如改走相七进五,则马5进7,车三平四,形成红方多兵、黑方子力活跃的两分之势。

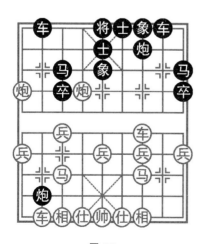

图52

18.…………　马5进7

19.马五退三　车8退4

20.车三平六　卒3进1

21.相五进七　马7进5

22.炮六平三　…………

红方如改走兵五进一,则炮7进8,仕四进五,车8进6,红方难以应付。

22.…………　马5进7

23.炮三退二　马7进8

24.炮三平二　马9进7

25.马三进二　马7进8

26.车六平二　马8退6

27.马二退四　车8进2　　28.炮九平二　马6进4

黑方多子胜定。

第二种走法:车8进8

15.…………　　车8进8

黑方进车下二路,准备通过攻击红马来夺取主动,紧凑有力之着。

16.相七进五　车8平3

黑方如改走卒3进1,则炮九退二,车8平3,马三退五,马3进5,兵七进一,马5进7,炮九平七,车3平4,马七进六,车4平3,马五进七,车3平7,车三平二,马9进7,兵三进一,前马进5,车二进二,马5退4,车二平三,马4进3,相五进七,炮7进4,相三进五,炮7退1,马六退四,车7平4,马四进三,象5进7,车三退一,车2进6,车三平六,车4平3,马七进六,车2平5,马六进四,车5平1,马四进六,红方胜势。

17.马七进六　　…………

红方如改走马三退五,则黑方车2进1,下伏炮2平5兑子争先的手段,亦较易走。

17.…………　　炮2退3

黑方退炮使用"丝线牵牛"的手段,拴住红方车马,对红方形成了牵制之势。

18.马三退五　车3退2　　19.炮六平二　车2进1
20.炮九平八　炮2平4　　21.车三平六　马3进5

以上几个回合,红方虽奋力挣脱了车马被拴之围,但黑方右马扑出后优势迅速扩大。

22.车六进二　马5进6　　23.马五退七　…………

红方如改走兵三进一,则车3平5,黑亦大占优势。

23.…………　　马6进8

黑方优势。

第53局　红炮打边卒对黑进7卒(三)

1.炮二平五　马8进7　　2.马二进三　车9平8
3.车一平二　马2进3　　4.兵七进一　卒7进1
5.车二进六　炮8平9　　6.车二平三　炮9退1
7.马八进七　士4进5　　8.炮八平九　车1平2
9.车九平八　炮9平7　　10.车三平四　马7进8

- 101 -

11.炮九进四　卒7进1　　　12.炮五进四　象3进5

13.车四平三　马8退9　　　14.车三退二　炮2进2

黑方右炮巡河,准备策应左翼,也是黑方的一种应法。

15.马三退五　车8进4

黑方升车保炮,势在必行。

16.马七进六　马3进1　　17.炮五平九　车2平1(图53)

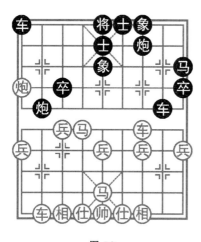

　　如图53形势,红方有两种走法:(一)兵七进一;(二)炮九平一。分述如下:

　　第一种走法:兵七进一

　　18.兵七进一　…………

　　红方弃兵,准备补架中炮,有嫌急躁。

　　18.…………　卒3进1

　　19.炮九平五　卒3进1

　　20.马六退四　车8平3

　　21.相三进五　卒3进1

　　22.车八进四　车1平4

　　23.马五退三　卒3平4

　　黑方平卒,紧凑有力之着。

　　24.兵五进一　…………

图53

红方如改走车八平五,则车4进3,红方的车炮受到牵制,也是黑占优势。

24.…………　卒4平5

黑方献卒妙手,是弃子夺势的精华之所在。

25.马四退三　…………

红方如改走炮五退三,则车4进6捉死炮。

25.…………　车4进3　　26.炮五退三　…………

红炮吃卒,无奈。如改走炮五退一,则马9进7,炮五平八,炮7进4,兵三进一,车4平2,红方失子,黑方胜势。

26.…………　马9进7

红车被打死,黑方多子占优。

　　第二种走法:炮九平一

　　18.炮九平一　…………

　　红方弃相打边卒,改进后的走法。

　　18.…………　炮2平7　　19.车三平四　车8退1

20.炮一退二　前炮进5　　21.马五退三　炮7进8

22.仕四进五　车1平4

黑方如改走车8进6,则相七进五,马9进8,车四进四,也是红方易走。

23.相七进五　炮7退1　　24.马六进四　车8进1

黑方如改走车8平6,则车八进五,也是红方优势。

25.车四退四　车4进4　　26.车八进九　士5退4

27.炮一平五　士6进5　　28.车八退四　…………

面对黑方双车捉马,临枰中红方突出妙手,实战中弈来煞是精彩好看!

28.…………　车4进2

黑方如改走车4平2吃车,则马四进六,车2平6(如车2平4,则马六进四,将5平6,马四进二,将6平5,车四进九,红胜),马六退四,红方胜定。

29.相五进三

红方胜势。

第54局　红炮打边卒对黑进7卒(四)

1.炮二平五　马8进7　　2.马二进三　车9平8

3.车一平二　马2进3　　4.兵七进一　卒7进1

5.车二进六　炮8平9　　6.车二平三　炮9退1

7.马八进七　士4进5　　8.炮八平九　车1平2

9.车九平八　炮9平7　　10.车三平四　马7进8

11.炮九进四　卒7进1　　12.炮五进四　象3进5

13.车四平三　炮2退1(图54)

黑方退右炮形成"担子炮"的阵势,是改进后的应法。

如图54形势,红方有两种走法:(一)车三退二;(二)兵三进一。分述如下:

第一种走法:车三退二

14.车三退二　…………

红方退车吃卒,正常的走法。

14.…………　车2平1

黑方平车捉炮,乘机摆脱红方牵制,灵活的走法。

15.车八进七　马3进5

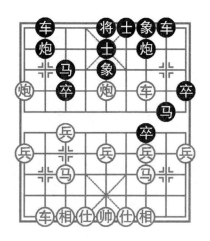

图54

103

16.炮九平五　车8进3　　17.炮五退一　…………

红方退炮,静观其变。如改走车八退二,则车1平4,马七进六,卒3进1,兵七进一,车8平6,马六进七,炮2平3,炮五退一,马8进6,车八退三,马6进4,车八平六,马4退3,车六进七,将5平4,车三平六,将4平5,马七进九,车6平5,兵五进一,炮3进8,仕六进五,炮3平1,马九退八,炮7进6,马八进七,炮7平3,黑方胜势。

17.…………　车8平6　　18.车三平二　…………

红方平车顶马,并不能阻碍黑马前进之路。可考虑改走车三进一捉马,黑如接走马8退9,则车三进二,车6进4,马七进六,车6平7,马六进七,炮2平3,相七进五,红方弃子多兵并占主动,并不难走。

18.…………　马8进6　　19.马三退五　车1平4

20.兵五进一　车4进7

黑方进车骚扰红阵,并为下一步反击埋下伏笔。

21.相七进五　将5平4　　22.车八退七　炮7平6

黑方平肋炮,助攻的巧着,黑势渐盛。

23.车二退三　…………

红方退车加强防守,无奈。如改走马七退九,则炮2进4,马五进七,炮2平5,仕六进五,车4退3,车二进四,车4平5,黑方得子大占优势。

23.…………　车4进1

黑方优势。

第二种走法:兵三进一

14.兵三进一　…………

红方挺兵吃卒,新的尝试。

14.…………　马8退9　　15.车三平四　炮7进6

16.车八进七　马3进5　　17.车四平五　…………

红车吃马,似不如改走炮九平五,以保留镇中炮之势为宜。

17.…………　车2平1　　18.车五平七　炮2平4

19.兵三进一　车8进8

黑方进车下二路,力争主动的走法。如改走象5进7,则车七平四,象7进5,炮九平五,马9进7,车四退一,车8进3,炮五退一,红不难走。

20.马七进六　车8平4　　21.马六进四　象5进7

黑飞象别马,稳健的走法。如改走炮4进8,则相三进五,车1平4,仕四进五,象5进7,兵七进一,前车退2,车七平八,黑方也有所顾忌。

22.兵七进一

红方少子多兵,双方各有顾忌。

第55局　红炮打边卒对黑7路炮打兵(一)

1.炮二平五　马8进7	2.马二进三　车9平8
3.车一平二　马2进3	4.兵七进一　卒7进1
5.车二进六　炮8平9	6.车二平三　炮9退1
7.马八进七　士4进5	8.炮八平九　车1平2
9.车九平八　炮9平7	10.车三平四　马7进8

11.炮九进四　炮7进5

黑方挥炮打兵,是比较简明的走法。

12.炮五进四　…………

红方用炮打卒,主动出击,是应对黑方进炮打兵的一种走法。如改走炮九平五,则象7进5,马三退五,卒7进1,车四退一,炮2进4,黑不难走。

12.…………　象3进5

黑方飞右象,正着。如改走象7进5,则炮五退一,卒3进1(如卒7进1,则车四平二,车8进3,炮九平二,红方优势),车八进六,卒7进1,车四平二,车8平7,车二退一,卒3进1,炮九平一,炮7进3,仕四进五,卒7进1,马三退二,卒3进1,炮一进一,卒3进1,炮一平七,红方优势。

13.马三退五　…………

红方退马窝心避开黑方7路炮锋芒,稳健的走法。如改走炮五退一,则炮2进4,车四平七,炮7进3,帅五进一,马8进7,帅五平四,车8进8,帅四进一,车8平7,马七退五,炮7退2,车七平四,马3进5,黑方速胜。

13.…………　卒7进1

14.车四平一(图55)　…………

如图55形势,黑方有两种走法:(一)马8退7;(二)炮2进4。分述如下:

第一种走法:马8退7

14.…………　马8退7

黑方退马踩车,准备用双马兑换双炮简化局势。

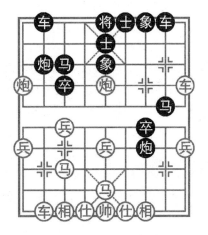

图55

15.车一平四　马7进5　　16.炮九平五　马3进5

17.车四平五　炮2进5

黑方应改走炮2进4,以封锁红方兵线为宜。

18.相七进五　车8进8　　19.相五进三　…………

红方以相飞卒,简明有力之着。如误走车五平四,则炮2平5,相三进五,车2进9,马七退八,车8平6,黑方得车胜势。

19.…………　车8平6　　20.车五平七　车2进4

21.兵七进一　…………

红方弃兵拦车,好棋!

21.…………　象5进3　　22.马五退七　炮2进1

黑方如改走车6平3,则前马进六,车2退2,马六进四,炮7平1,马四进二,黑方难应。

23.后马进六　车6退3　　24.马六进五　象3退5

25.仕六进五

红方多兵占优。

第二种走法:炮2进4

14.…………　炮2进4

黑方右炮过河,着法积极。

15.炮五退一　…………

红方退中炮,准备实施先弃后取的战术手段。

15.…………　马3进1　　16.车一平七　马1退2

17.车七平八　车2平4

黑方弃马出车,抢先之着。

18.前车进二　马8进9

黑方马踏边兵,正着。如改走车8进3,则马七退九,车8平5,马九进八,车5进1,马五进七,马8进9,马八进六,马9进7,相七进五,马7退5,马六进七,马5进3,双方大体均势。

19.相三进一　车8进7　　20.马七退九　车8平4

21.相七进五　前车退3　　22.兵五进一　前车平5

黑方弃车砍炮,妙手!

23.兵五进一　炮2平5

黑炮镇中,一击中的!

24.马九进七　炮7进3　　25.相一退三　马9进8

黑胜。

第56局　红炮打边卒对黑7路炮打兵(二)

1.炮二平五　马8进7　　2.马二进三　车9平8

3.车一平二　马2进3　　4.兵七进一　卒7进1

5.车二进六　炮8平9　　6.车二平三　炮9退1

7.马八进七　士4进5　　8.炮八平九　车1平2

9.车九平八　炮9平7　　10.车三平四　马7进8

11.炮九进四　炮7进5　　12.马三退五　…………

红方先退马窝心,试探黑方应手。

12.…………　卒7进1　　13.车四退一　…………

红方退车河口,伏有兵七进一的先手。

另有两种走法:①炮五进四,象7进5,车四平一,炮2进4,炮五退一,马3进1,车一平七,马1退2,车七平八,马2进4,前车进三,马4进5,马七进六,马8进9,后车进二,马9进8,后车平一,车8进3,马五进七,炮2平3,仕六进五,卒7平6,黑有攻势;②车四平一,炮2进4,炮九退二,象3进5,车一退二,车8进2,车一平三,马8进9,车三平四,马9进8,炮五平六,车8进3,车四退三,车8进2,相七进五,车8平5,车四进八,将5平4,相三进五,炮7平9,马七进六,炮2进2,马五退三,马8退7,仕六进五,炮9平5,黑方优势。

13.…………　炮2进4

黑方进炮封车,封锁红方兵线。

另有两种走法:①马8退7,车四退二,象7进5,车八进六,炮2平1,车八进三,马3退2,炮九退二,炮7进2,炮九平三,车8进4,马七进六,马2进3,马六进七,马7进6,炮五平四,马6退8,炮三进三,马3退2,炮三平九,马2进1,马七进九,象3进1,车四平三,炮7平8,车三进三,红方大占优势;②象7进5,车八进六,马8进6,炮九退二,炮7平6,车四平九,马6进4,炮五平六,马4进5,炮六进三,炮6退3,兵五进一,马5退7,炮六退一(如车八退三,则车8进4,马五进六,车8进2,黑方反先),卒3进1,车八退二,双方基本均势。

14.炮九退二　…………

红方退炮打卒,正着。如改走炮九平五,则象3进5,前炮退一,马8进6(如马8进9,则后炮平一,车8进3,相七进五,马3进5,兵五进一,卒3进1,车四退二,炮2进2,马五退七,卒3进1,相五进七,马5进3,后马进六,马9进7,相三进五,炮7平8,炮一平二,车8进4,仕六进五,炮8退1,炮二退一,车4平2,炮二平八,前车进5,车八进一,车2进8,车四进三,车2退2,车四平七,将5平4,黑方易走),后炮平四,马3进5,炮四进一,车8进7,车八进三,车2进6,炮四平八,炮7平2,马七进六,车8平6,马六进五,马6进5,炮五进二,象7进5,车四平六,车6退3,黑方得车胜定。

14.………… 马8进9

黑方另有两种走法:①马8退7,车四进一,车8进4,炮九平三,车8平6,车四退一,马7进6,炮五平一,象3进5,相七进五,卒3进1,兵七进一,象5进3,炮一进四,象3退5,形成红方多兵、黑方子力活跃的两分局面;②象7进5,炮九平三,车8平7,炮三平五(如炮三平二,则炮7平8,炮五平二,车7进6,相七进五,马8进7,车四进三,炮8平5,和势),马8进9,马七进六,炮7平8,黑方可与红方抗衡。

15.马七进六　车8进7

黑方进车,牵制红方子力,寻隙进行反击,是大局感极强的走法。

16.车八进二 …………

红如仍走炮五平九,则车8平4,马五进七,车4退1,黑方左车右移后有炮打中兵手段,红方不好。

16.………… 象3进5　17.炮五平六　车8退3(图56)

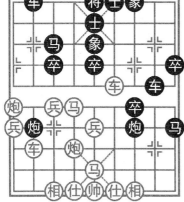

图56

如图56形势,红方有三种走法:(一)车四进三;(二)马五进七;(三)相七进五。分述如下:

第一种走法:车四进三

18.车四进三 …………

红方进车塞象眼,过于逞强。

18.………… 卒3进1

黑方兑卒活马,正常之着。

19.马六进四 …………

红方如改走兵七进一,则车8平3,黑方子力灵活易走。

19.………… 卒3进1

黑方弃象冲卒,大局感极强的走法。

20.炮九进一　车2进4　21.马四进五　车2退3
22.兵九进一　卒3进1　23.兵五进一　车2平4
24.后马进四　车8退2　25.马五退七　卒3进1

黑方弃3路卒捉车精巧,使红方立陷困境。

26.马四进六　…………

红方进马打车,出于无奈。如改走车八平七,则炮2平5,红方难应。

26.…………　卒3平2　　27.炮六进六　炮2平5

黑方攻势强大,胜利在望。

第二种走法:马五进七

18.马五进七　…………

红方跳出窝心马,创新的走法。

18.…………　车8平6　　19.马六进四　炮2平3

黑方压马兑车,简明有力的走法。

20.车八进七　马3退2　　21.相七进五　炮7进1

黑方进炮逼兑,是遏制红方先手的有力手段。如改走炮7平6,则马四进二,红方先手。

22.炮六平三　马9进7　　23.炮九平三　马2进4

24.马四进二

红方稍好。

第三种走法:相七进五

18.相七进五　…………

红方飞相,稳健的走法。

18.…………　炮7平6

黑方如改走车8平6,则马六进四,炮2平4,车八进七,马3退2,炮九平三,马9退7,相五进三,炮4平2,马五进七,炮2平3,炮六平五,马2进3,马四退六,卒3进1,兵七进一,象5进3,马六进五,红优。

19.马五进七　炮2平3　　20.车八进七　马3退2

21.车四平二　马9退8　　22.马六退四　炮3平6

23.炮九平三　卒5进1　　24.炮三退三　马8进6

25.炮三平九　马2进3

双方大体均势。

小结:红炮打边卒变例,目的是策应中炮,力图谋取多兵之势。红炮打边卒虽然占有多兵之利,但黑方阵形工整,有多种反击手段。

第三节　红双车过河变例

第57局　红退马窝心对黑飞左象(一)

1.炮二平五　马8进7　　2.马二进三　车9平8

3.车一平二　马2进3　　4.兵七进一　卒7进1

5.车二进六　炮8平9　　6.车二平三　炮9退1

7.马八进七　士4进5　　8.炮八平九　车1平2

9.车九平八　炮9平7　　10.车三平四　马7进8

11.车八进六　…………

至此,形成五九炮过河车对屏风马平炮兑车红双车过河变例。红方左车过河,放任黑方7卒强渡,是力争主动的走法。这种变例的特点是对攻性强,容易分出胜负。

11.…………　卒7进1

黑方强渡7卒,积极对攻。如改走炮7进5,则马三退五,卒7进1,车四退一,车8进2,马七进六,马8进6,炮九进四,炮7进2,炮五平九,炮7平6,车四平三,车8平7,车三平二,卒7进1,车二退四,车7平6,车二平四,马6进4,马五进四,卒7平6,前炮进三,马3退4,车四进二,马4进3,帅五进一,红方优势。

12.车四平三　…………

红方平车捉炮逼黑方退马打车,是红方有意选择的一种主动走法。

12.…………　马8退7　　13.车三平四　卒7进1

14.马三退五　象7进5

黑方飞左象,正着。

15.车八平七　…………

红方平车吃卒压马,对攻性较强的走法。

15.…………　马3退4

黑方退马避捉,是比较稳健的走法。

16.车七平八　马4进3　　17.兵七进一　象5进3

18.车八平七　马3退4　　19.车七退一　…………

红方弃兵谋得一象,取得了布局成功。

19.…………　象3进5　　20.车七进一(图57)　…………

如图57形势,黑方有两种走法:(一)卒7进1;(二)车8进4。分述如下:

第一种走法:卒7进1

20.·········· 卒7进1

黑方冲卒,是争取对攻速度的走法。

21.马七进八 卒7进1

黑方连续冲卒,使红方有所顾忌。

22.相三进一 车8进4

23.马五进七 炮2进2

24.仕六进五 ··········

红方补仕,嫌缓。应改走车四进二,炮7退1(如炮2平3,则炮九平八,红方优势),仕六进五,红方得象易走。

24.·········· 马4进2

黑方进马,借捉车之机使底马跃至好位,着法灵活。

25.车七退二 ··········

红方如改走车七平八,则车2平3,车四进二,马2进4,红无便宜可占。

25.·········· 马2进4 26.炮五平三

红方稍好。

第二种走法:车8进4

20.·········· 车8进4

黑方升车巡河,稳健的走法。

21.炮九进四 车2平3

黑方平车邀兑,简化局势。

22.车七进三 象5退3 23.炮五进四 马7进5

24.车四平五 炮2平7 25.相三进五

红方多兵得象易走。

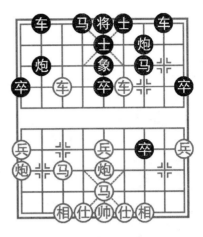

图57

第58局 红退马窝心对黑飞左象(二)

1.炮二平五	马8进7	2.马二进三	车9平8
3.车一平二	马2进3	4.兵七进一	卒7进1
5.车二进六	炮8平9	6.车二平三	炮9退1
7.马八进七	士4进5	8.炮八平九	车1平2
9.车九平八	炮9平7	10.车三平四	马7进8
11.车八进六	卒7进1	12.车四平三	马8退7

13.车三平四　卒7进1　　14.马三退五　象7进5

15.车八平七　炮2进4

黑方进炮弃马反击,是针锋相对的走法。

16.兵七进一　炮2平3　　17.兵七平六(图58)…………

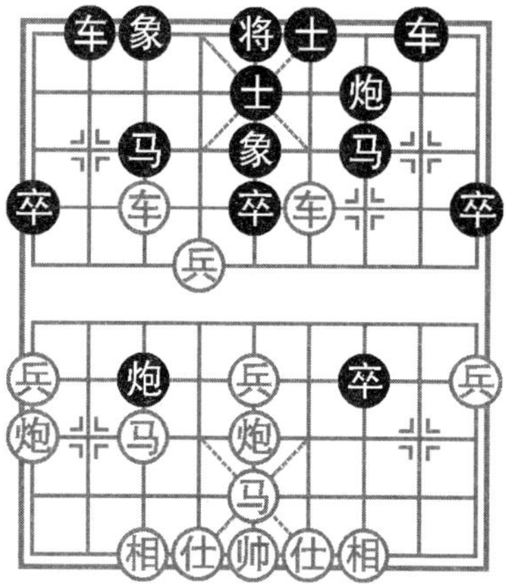

如图58形势,黑方有两种走法:(一)象5进3;(二)马7进8。分述如下:

第一种走法:象5进3

17.…………　象5进3

黑方弃象打车,构思巧妙,是弃子争先的战术手段。

18.车七退一　…………

红方如改走车七平六,则车2进8,车四进二,车2平4,马七退八,炮7退1,车四平三,马7进6,炮五进四,马3进5,车六平五,马6进4,再下一手马4进3绝杀,红方防不胜防。

18.…………　马7进8

图58

19.车四平三　…………

红方如改走车四退一,则炮7进8,马五退三,炮3进3,仕六进五,炮3退5,兵六平七,车2进3,红失双相,黑方易走。

19.…………　马8进6

黑方弃象奔马奇袭,迫使红方一车换双,黑方反先。

20.车七进二　…………

红方如改走车三进二,则马6进4,炮五平六,马4退3,兵六平七,车2进8,黑方优势。

20.…………　马6退7　　21.车七退四　马7进6

22.兵五进一　车8进6　　23.车七进三　象3进1

24.相三进一　卒7进1

黑方优势。

第二种走法:马7进8

17.…………　马7进8　　18.车四平三　象5进3

19.兵六平七　…………

红方平兵吃象,准备弃车争先。

19.…………　炮3退3　　20.兵七进一　炮7平9

21.兵七进一　车2进3

黑方进车守护要道,顽强有力的走法。如改走马8进6,则车三退三,红方易走。

22.炮五平二　马8进6　　23.车三退三　卒5进1

24.车三进一　马6退7　　25.炮二平三　炮9平7

26.车三平七　马7进8

形成红方多一兵一相、黑方有双车之威的两分局面。

第59局　红退马窝心对黑飞左象(三)

1.炮二平五　马8进7　　2.马二进三　车9平8

3.车一平二　马2进3　　4.兵七进一　卒7进1

5.车二进六　炮8平9　　6.车二平三　炮9退1

7.马八进七　士4进5　　8.炮八平九　车1平2

9.车九平八　炮9平7　　10.车三平四　马7进8

11.车八进六　卒7进1　　12.车四平三　马8退7

13.车三平四　卒7进1　　14.马三退五　象7进5

15.车八平七　炮2进4　　16.兵七进一　炮2平3

17.兵七平八　…………

红方平兵封车,是改进后的走法。

17.…………　象5进3

黑方扬象打车,正着。如改走马7进8,则车四平三,马8进6,车三进二,马6进4,炮五平六,红方优势。

18.车七退一　马3进2(图59)

黑方用马踏兵,正着。如改走马7进8,则车四平三,马8进6,车七平四,红方优势。

如图59形势,红方有两种走法:(一)车四退二;(二)炮九平八。分述如下:

第一种走法:车四退二

19.车四退二　象3进5

20.炮九平八　象5进3

21.炮八进七　车8进4

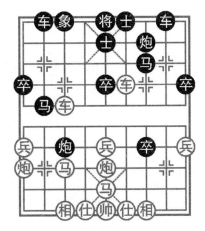

图59

黑方高车准备策应右翼,机警的走法。

22.马七退九　…………

红方退马,准备跳出窝心马调整阵势。

22.…………　车8平4　　23.马五进七　…………

红方如改走车四进四,则炮7平9,车四平三,炮9进5,马五进七,车4平7,黑方优势。

23.…………　象3退5　　24.车四平七　车4平3

25.车七平八　…………

红方如改走车七进一,则象5进3,红方双马受制,黑方有卒过河占优。

25.…………　卒7平6　　26.相三进一　炮3进3

黑方炮轰底相,谋取实惠。也可改走卒6进1,炮五平六,卒6进1,仕六进五,炮7平8,黑方有卒过河,占势易走。

27.仕六进五　炮3平1

黑方优势。

第二种走法:炮九平八

19.炮九平八　象3进5　　20.车七退一　…………

红方如改走炮八进七,则象5进3,车四进二,炮7退1,车四平三,马7进6,炮五进四,象3退5,黑方子力活跃,形势乐观。

20.…………　车2平3　　21.车七进五　象5退3

22.车四退二　车8进4　　23.车四平八　马2退4

24.炮五平一　卒7平6　　25.相七进九　车8平6

26.炮一平三　炮7进6　　27.马五进三　卒6平7

28.马三退五　马7进8

双方各有顾忌。

第60局　　红退马窝心对黑飞左象(四)

1.炮二平五　马8进7　　2.马二进三　车9平8

3.车一平二　马2进3　　4.兵七进一　卒7进1

5.车二进六　炮8平9　　6.车二平三　炮9退1

7.马八进七　士4进5　　8.炮八平九　车1平2

9.车九平八　炮9平7　　10.车三平四　马7进8

11.车八进六　卒7进1　　12.车四平三　马8退7

13.车三平四　卒7进1　　14.马三退五　象7进5

15.马七进六　…………

红方跃马,控制河口。

15.…………　车8进4(图60)

黑方升车巡河,准备策应右翼。

如图60形势,红方有三种走法:(一)马六进七;(二)马六进五;(三)炮九进四。分述如下:

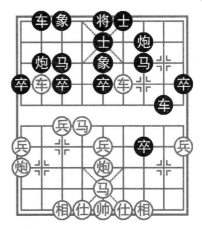

图60

第一种走法:马六进七

16.马六进七　…………

红方进马吃卒,谋取实惠。

16.…………　车8进1

黑方如改走车8平6,则车四退一,马7进6,马五进七,炮2平1,车八进三,马3退2,炮五进四,马2进3,炮五退一,炮7进8,仕四进五,卒7平8,兵七进一,炮7退5,兵七平六,红方多兵易走。

17.车八退二　炮7退1　　18.炮五平七　炮2平1

19.车八进五　马3退2　　20.相三进五　炮1进4

21.马七进八　…………

红方如改走炮九进四,则马2进1,炮九平五,马1进3,炮七进四,车8平4,马五进七,车4退2,马七进九,车4平3,黑方较为易走。

21.…………　车8退1

黑方退车准备右移,是争先取势的灵活之着。

22.炮九进四　车8平2　　23.马八退七　车2进2

24.马五退三　炮2平5　　25.仕四进五　车2平3

黑方优势。

第二种走法:马六进五

16.马六进五　炮2平1

黑方平炮邀兑,是遏制红方先手的有力手段。如改走马3进5(如马7进5,则炮五进四,马3进5,车四平五,红方易走),则炮五进四,车8平4,炮五退二,车4进3,车八退三,7进8,车四平七,马8进6,马五进六,红方优势。

17.车八进三　马3退2　　18.前马退四　车8平7

黑方也可改走车8平6,车四退一,马7进6,炮九进四,卒3进1,兵七进一,象5进3,马四进六,象3进5,马六进四,士5进6,炮九平一,士6进5,炮五平二,卒7平8,炮二平八,马6进5,马五进六,卒8平9,相七进五,马2进3,双方均势。

19.炮五平八　炮1进4　　　20.车四平七　车7平6

21.马四退五　卒1进1　　　22.后马进七　马2进1

23.炮八进五　车6平2　　　24.马七进九　车2退2

25.马九退七　卒7平6　　　26.仕四进五　车2进5

27.炮九进五　象3进1　　　28.马七进六　卒6平5

黑方优势。

第三种走法：炮九进四

16.炮九进四　…………

红方炮击边卒，谋取实惠。

16.…………　炮2平1

黑方平炮兑车，简化局势的走法。

17.车八进三　马3退2　　　18.炮九平五　车8平4

19.马五进七　炮1平4　　　20.后炮平六　车4平8

21.炮六进五　马7进5　　　22.车四平三　马5进4

23.马七进六　车8平4　　　24.车三进二　车4进1

25.炮六平八　车4进1

双方大体均势。

第61局　红退马窝心对黑飞右象

1.炮二平五　马8进7　　　2.马二进三　车9平8

3.车一平二　马2进3　　　4.兵七进一　卒7进1

5.车二进六　炮8平9　　　6.车二平三　炮9退1

7.马八进七　士4进5　　　8.炮八平九　车1平2

9.车九平八　炮9平7　　　10.车三平四　马7进8

11.车八进六　卒7进1　　　12.车四平三　马8退7

13.车三平四　卒7进1　　　14.马三退五　象3进5

黑方飞右象准备车2平3护马，但阵形有弱点。

15.车八平七　…………

红方如改走马七进六，则车8进4，马六进五，炮2平1，车八进三，马3退2，前马退四，车8平6，炮九进四，炮1进4，车四退一，马7进6，黑方易走。

15.…………　车2平3

黑方平车保马，稳健之着。

16.兵七进一　炮2退1(图61)

黑方退炮连环,稳健的走法。如改走车8进5,则车七平八,车3平2,兵七进一,炮2平1,车八进三,马3退2,炮五进四,车8平3,炮五退二,马2进4,兵七平六,马4进2,炮九退一,车3退1,马七进八,车3平6,车四退一,马7进6,兵六平七,马6进5,马五进六,红方子力灵活易走。

如图61形势,红方有两种走法:(一)兵七平八;(二)马七进八。分述如下:

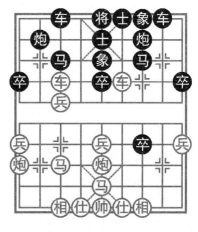

图 61

第一种走法:兵七平八

17.兵七平八　　车8进5

18.兵八进一　　马7进8

19.车四平三　…………

红方如改走车四平二,则炮7进1,车七平六,马3进2,车六退四,车3进6,兵五进一,卒7进1,炮五进四,车8平5,黑方优势。

19.…………　　马8进6　　20.车三进一　…………

红方如改走车三退三,则炮7进2,车七退二,马6进5,相三进五,车8平3,相五进七,炮7平2,黑不难走。

20.…………　　马6进4　　21.炮五平六　　马4退5

22.车七退三　　马3进4　　23.车七进六　　象5退3

24.兵八进一　　炮2平1　　25.炮六进二　　卒7平6

26.炮六平五　　象3进5　　27.马五进四　　车8平6

28.马四退五　　马4进5　　29.马七进五　　车6平5

30.后马进七　　车5平6

双方大体均势。

第二种走法:马七进八

17.马七进八　…………

红方进外肋马,攻法紧凑。

17.…………　　马7进8　　18.车四平三　　马8进6

19.车三退二　　炮7进2　　20.车三平四　　炮7平3

21.兵七进一　　车8进4

黑方如改走马3退4,则炮九进四,炮2进3,车四进一,车3进3,炮九进三,车3退3,炮九平六,炮2平3,炮六退五,车8进5,车四平六,卒7平6,马五进七,卒6

进1,炮五进四,炮3进5,仕六进五,卒6进1,车六进一,车8平7,马八进六,卒6平5,仕四进五,红方优势。

22.炮五平七 …………

红方卸炮,保持变化。如改走兵七进一,则车3进2,黑可抗衡。

22.………… 车8平5 23.马八退六 车5平2

黑方如改走车5进2,则炮七进一打死车。

24.炮七进五 炮2平1 25.兵九进一 车3平4

26.炮九平六 车4平2 27.炮六平五

红方多子占优。

第62局　红退马窝心对黑左车巡河

1.炮二平五　马8进7　　　2.马二进三　车9平8

3.车一平二　马2进3　　　4.兵七进一　卒7进1

5.车二进六　炮8平9　　　6.车二平三　炮9退1

7.马八进七　士4进5　　　8.炮八平九　车1平2

9.车九平八　炮9平7　　　10.车三平四　马7进8

11.车八进六　卒7进1　　　12.车四平三　马8退7

13.车三平四　卒7进1　　　14.马三退五　车8进4

15.车八平七　马3退4　　　16.炮九进四(图62)…………

如图62形势,黑方有两种走法:(一)象3进5;(二)炮2进1。分述如下:

第一种走法:象3进5

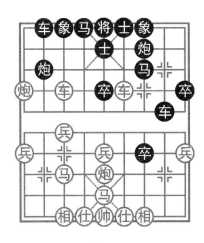

图62

16.………… 　象3进5

黑方飞象,巩固阵势。

17.炮九平五　炮2进4

黑方如改走马7进5,则炮五进四,红方多兵易走。

18.兵七进一　马7进5

19.车七平五　车8平3

20.车四平三　炮7平8

21.马七进六　车2进5

黑方如改走炮2进3,则马五进七,也是红方易走。

22.马六退八　车2进1

23.车三退三

红方多兵略优。

第二种走法:炮2进1

16.…………　炮2进1

黑方进炮不让红方炮击中卒,但阵形有嫌不整。

17.车四进二　马4进5　　18.车七退一　炮2退2

黑方如改走车8平3,则兵七进一,炮2退2,车四退四,也是红方易走。

19.车七平二　炮2平6　　20.车二进二　马7进6

21.炮九平一　车2进8　　22.炮五进四　将5平4

23.兵五进一

红方多兵占优。

小结:红方双车过河变例,红方置黑方渡7卒威胁而不顾,封锁黑方右翼子力,力争左车的压制能对右翼的损失有所补偿,属急攻型的走法。在1981年全国象棋团体赛中,辽宁棋手创用了这一战术。其布局特点是红方双车配合中炮形成左右夹击的攻势,同时,有效地阻击了黑方进炮封车的反击手段。但在这一布局中,红方右翼也存在弱点,即其右肋车身处险地,造成了黑方强渡7卒,红方将遭受强烈反击,红方较难控制局面。

第四节　红退窝心马变例

第63局　黑挺卒胁车对红进车捉炮(一)

1.炮二平五　马8进7　　2.马二进三　车9平8

3.车一平二　马2进3　　4.兵七进一　卒7进1

5.车二进六　炮8平9　　6.车二平三　炮9退1

7.马八进七　士4进5　　8.炮八平九　车1平2

9.车九平八　炮9平7　　10.车三平四　马7进8

11.马三退五　…………

至此,形成五九炮过河车对屏风马平炮兑车红退窝心马变例。红方退窝心马,目的是先避开黑方7路炮威胁,再伺机进取,含蓄的走法。

11.…………　卒7进1

黑方渡卒胁车,对攻的走法。

12.车四进二　…………

红方进车捉炮,为后面车八进六左车过河争取度数,但右车似嫌"低头",

实战效果不够理想。

12.………… 炮7进5

黑炮打兵,正着。如改走炮2退1,则车四退三,象3进5,车八进七,车2平3,兵三进一,马8进9,相三进一,炮2平4,马七进六,炮7平8,炮五平二,炮8平9,马五进七,红方易走。

13.车八进六　马8进6　14.马七进六(图63)　…………

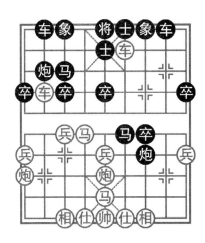

图63

如图63形势,黑方有两种走法:(一)象3进5;(二)车8进8。分述如下:

第一种走法:象3进5

14.………… 象3进5

黑方飞象固防,稳健的走法。

15.车四退三　…………

红方退车,准备谋取中卒。

15.………… 车8进6

黑方进车兵线,是行之有效的反击手段。

16.炮五进四　…………

红方炮击中卒,谋取实利的走法。如改走马六进五,则马6进5,相七进五,马3进5,车四平八,炮7平9,马五进七,炮9平5,黑方优势。

16.………… 炮7平9

黑方炮击边兵,威胁红方中路,由此展开了反击。

17.兵五进一　车8平3　18.炮五退一　车2平4

黑方平车捉马,是有力的反击手段。

19.炮九平四　…………

红方如改走车八进一,则车4进5,车八平七,将5平4,炮九退二,车4进3,黑方弃子占势易走。

19.………… 炮9平5　20.炮五退二　车4进5

21.相三进五　马6进5

黑方弃马踏相,力争主动。如改走车3平5,则马五进七,车5平3,车八进一,红方易走。

22.相七进五　车3平5　23.车八进一　车5进1

24.兵五进一　马3退4

黑方弃子占势易走。

第二种走法:车8进8

14.…………　车8进8

黑方进车下二路,准备车8平6展开反击。

15.炮九退一　车8退1　　16.炮五平九　车8平4

17.马五进七　车4进1　　18.车四退三　炮2平1

19.车八进三　马3退2　　20.车四平八　炮1平8

黑方置底马于不顾,而右炮左移取势,实出红方所料,是反夺主动的精彩之着。

21.车八平二　…………

红方如改走车八进四,则黑方有炮8进7,下伏马6进7的攻杀手段,红方难以应付。

21.…………　炮8平3　　22.前炮进四　炮3进3

23.前炮进三　…………

红方如改走相七进九,则炮3进1,也是黑方占优。

23.…………　炮3进4　　24.仕六进五　卒3进1

黑方优势。

第64局　黑挺卒胁车对红进车捉炮(二)

1.炮二平五　马8进7　　2.马二进三　车9平8

3.车一平二　马2进3　　4.兵七进一　卒7进1

5.车二进六　炮8平9　　6.车二平三　炮9退1

7.马八进七　士4进5　　8.炮八平九　车1平2

9.车九平八　炮9平7　　10.车三平四　马7进8

11.马三退五　卒7进1　　12.车四进二　炮7进5

13.车八进六　马8进6　　14.车四退三(图64)　…………

红方退车骑河,占据要道。

如图64形势,黑方有两种走法:(一)车8进8;(二)象3进5。分述如下:

第一种走法:车8进8

14.…………　车8进8

黑方如改走车8进2,则马七进六,炮7平1,炮五进四,马3进5,马六进五,车8平4,马五退四,卒7平6,车四退一,红方多兵易走。

15.马七进六　…………

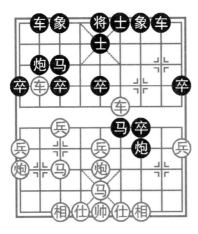

图64

红方如改走炮九退一,则车8退1,兵七进一,马6进4,炮九平六,卒3进1,黑方易走。

15.………… 象3进5

16.炮五平六 车8退2

黑方退车占据兵线,灵活有力。

17.相七进五 …………

红方如改走兵一进一,则炮7平1,相七进五,车8平5,相五进三,车5退1,黑方较优。

17.………… 炮7平9

18.马五进三 马6进7

19.炮六平三 炮9平5

20.仕四进五 卒7进1   21.炮三退一 车8进2

22.炮九退一 车8进1

黑方优势。

第二种走法:象3进5

14.………… 象3进5

黑飞右象,改进后的走法。

15.炮九进四 …………

红方如改走马七进六,则车8进6,兵一进一,炮7平1,马五进七,炮1平3,马六进五,马3进5,炮五进四,马6进4,车四平六,车2平4,车六进四,将5平4,炮五平六,炮3进3,仕六进五,马4进3,炮六退五,炮3退2,车八进一,马3退1,黑方优势。

15.………… 卒3进1   16.炮五进四 车8进8

17.炮五退二 车8平6   18.马五进四 车6退2

19.兵七进一 炮7平5   20.炮九平一 车6平9

21.车八平四 马6进5   22.马七进五 马5进3

23.马五退六 车9平5   24.仕四进五 车5退1

黑方大占优势。

第65局 黑挺卒胁车对红进车捉炮(三)

1.炮二平五 马8进7   2.马二进三 车9平8

3.车一平二 马2进3   4.兵七进一 卒7进1

5.车二进六 炮8平9   6.车二平三 炮9退1

122

7.马八进七　士4进5　　　8.炮八平九　车1平2

9.车九平八　炮9平7　　　10.车三平四　马7进8

11.马三退五　卒7进1　　12.车四进二　炮7进5

13.车八进六　马8进6(图65)

如图65形势,红方有两种走法:(一)炮五平三;(二)炮九进四。分述如下:

第一种走法:炮五平三

14.炮五平三　…………

红方平炮捉卒,准备使黑过河马脱根。

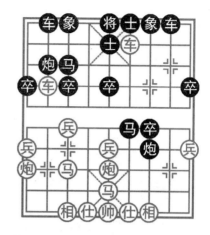

图 65

14.…………　　　车8进8

黑方进车下二路,准备平肋取势。

15.炮三进二　…………

红方如改走炮九退一,则车8退1,相三进五,马6进7,车四退六,车8退1,马五进三,炮7平6,黑方反先。

15.…………　　　车8平6　　　16.车四平二　马3退4

17.炮九退一　车6退1　　　18.炮九进一　车6进1

19.炮九退一　车6退1　　　20.马五进三　…………

红方进马,无奈之着。否则黑方炮2平6,形成速胜局面。

20.…………　　　车6平3　　　21.相三进五　马6进4

22.炮九平三　炮7进2　　　23.炮三退三　象3进5

24.车二平四　象7进9

黑方多子占优。

第二种走法:炮九进四

14.炮九进四　…………

红方炮打边卒,谋取实利。

14.…………　　　车8进7

黑方亦可改走象3进5,红如接走马七进六,则车8进6,兵一进一,炮7平1,马五进七,炮1平3,炮九进一,马6退4,车八退三,炮3进3,仕六进五,炮2进2,炮五平六,卒3进1,兵七进一,象5进3,炮九退二,马4进6,相三进五,炮3平1,黑方优势。

15.马七进六　炮2退1　　　16.车四退三　象3进5

17.炮五平九　马3进1　　　18.马五进七　车8进2

19.炮九进四	车2平1	20.车八进二	车1进3
21.车八进一	士5退4	22.马六进五	士6进5
23.马五退四	卒7平6	24.车四退一	车8平7
25.车四平三	车1进1	26.车八进三	车7退2
27.车八平七	车7平3	28.车三退一	车1进2

和势。

第66局　黑挺卒胁车对红退车骑河(一)

1.炮二平五	马8进7	2.马二进三	车9平8
3.车一平二	马2进3	4.兵七进一	卒7进1
5.车二进六	炮8平9	6.车二平三	炮9退1
7.马八进七	士4进5	8.炮八平九	车1平2
9.车九平八	炮9平7	10.车三平四	马7进8
11.马三退五	卒7进1	12.车四退一	…………

红方退车骑河,正着。

12.…………　　卒7进1

黑方冲7卒去兵对攻,是比较流行的走法。如改走炮7进5,则车八进六,马8进6,炮五平三,车8进2(如马6进7,则炮九平三,炮2平1,车八平七,马3退4,车七平五,车2进8,炮三进二,车2平4,炮三平五,红方多兵占优),炮三进二(红不能车四退一吃马,否则黑炮7进3,红方丢车),车8平6,马七进六,炮2平1,车八平七,红方先手。

13.车八进六　　…………

红方左车过河准备配合中路夹击,对黑方右翼施加压力。

13.…………　　象7进5

黑方飞左象,可加固右翼的防守。

14.马七进六　　…………

红方进河口马,稳健的走法。

14.…………　　马8退7

黑方退马,稳健的走法。如改走马8进9,则炮五进四,车8进3,炮五退二,车8平4,马六进七,炮2平1,车八进三,马3退2,兵七进一,马2进3,相七进五,车4进4,炮九退二,车4进1,相三进一,炮1进4,车四平六,炮1平3,炮九平七,红方占优。

15.车四退一　　车8进4(图66)

如图66形势，红方有三种走法：(一)炮九进四；(二)车八平七；(三)马六进七。分述如下：

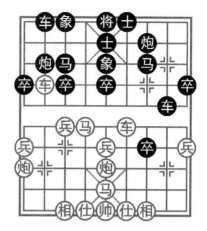

图 66

第一种走法：炮九进四

16.炮九进四　…………

红方炮打边卒，谋取实利。

16.…………　炮2平1

17.车八进三　马3退2

18.炮九平五　…………

红方如改走马六进五，则车8平1，炮九平八，马7进5，炮八平五，车1进2，前炮平二，双方均势。

18.…………　马7进5

黑方如改走卒3进1，则兵七进一，车8平3，前炮平八，马2进3，马五进七，炮1平2，兵五进一，马3进2，炮八平九，炮2平1，马六进八，车3平2，马七进五，车2退1，炮九退一，马7进8，车四平三，马8退7，车三进四，卒7进6，马五进七，车2平3，炮五进一，卒6进1，炮五平七，炮7进8，仕四进五，车3平8，车四退二，炮7平9，仕五进六，红方优势。

19.马六进五　炮1退1　　20.相三进一　马2进1

21.后马进七　马1进2

黑方足可一战。

第二种走法：车八平七

16.车八平七　…………

红方平车吃卒，对攻性较强的走法。

16.…………　炮2进4

黑方升炮弃马，以攻代守，正着。如改走马3退4，则马六进五，对攻中红方主动。

17.兵七进一　…………

红方如改走车七进一，则炮2平3，马六进七，车8平4，黑方有出将叫杀等攻势，易走。

17.…………　车8平3　　18.车七退一　象5进3

19.马六退八　车2进6　　20.车四进四　…………

红方升车捉炮，谋求得子。

20.………… 炮7平9 21.车四平三 炮9进5

黑方炮打边兵,弃子取势。

22.炮五平二 …………

红方如改走车三退一吃马,则炮9平5,车三平七,象3进5,车七退一,卒5进1,黑方虽然少两子,但中炮镇住窝心马,足可一战。

22.………… 卒7平8 23.车三退一 象3退5

24.马五进三 卒8进1 25.炮九平二 炮9平8

26.相七进五 卒9进1

双方均势。

第三种走法:马六进七

16.马六进七 …………

红方进马踏卒,不让黑方卒3进1邀兑。

16.………… 炮2平1

黑方平炮兑车,稳健之着。如改走车8平6,则车四进一,马7进6,马五进七,炮7进2,炮九进四,红方稍优。

17.车八进三 马3退2 18.马七进九 …………

红方如改走马五进七,则炮1平3,相三进一,马2进1,马七进六,车8平2,下伏退车逼马之着,黑方易走。

18.………… 马2进1 19.马五进七 马1进3

20.相三进一 车8平4

黑方满意。

第67局 黑挺卒胁车对红退车骑河(二)

1.炮二平五 马8进7 2.马二进三 车9平8

3.车一平二 马2进3 4.兵七进一 卒7进1

5.车二进六 炮8平9 6.车二平三 炮9退1

7.马八进七 士4进5 8.炮八平九 车1平2

9.车九平八 炮9平7 10.车三平四 马7进8

11.马三退五 卒7进1 12.车四退一 卒7进1

13.车八进六 象7进5 14.炮五平六(图67) …………

红方卸中炮调整阵形,稳健的走法。

如图67形势,黑方有三种走法:(一)炮7平9;(二)炮7进2;(三)马8进9。分述如下:

第一种走法：炮7平9

14.………… 　炮7平9

15.车八平七 　…………

红方平车吃卒压马,力争主动的走法。

15.………… 　炮2进4

16.兵七进一 　炮9进5

黑方炮击边兵,谋求对攻的走法。

17.炮九平八 　炮9平5

18.相七进五 　…………

红方飞相,正着。如改走炮六平五,则
黑方有炮2平3的手段。

18.………… 　炮2平4

19.兵七平八 　车2平1 　　20.马七进八 　炮4退1

21.马八进六 　车1进2 　　22.马六进八

红方大占优势。

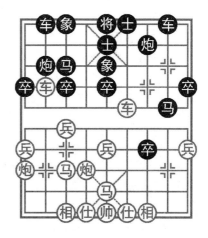

图67

第二种走法：炮7进2

14.………… 　炮7进2

黑方升炮,守护卒林。

15.炮九进四 　…………

红方如改走相七进五,则卒3进1,炮六进四,炮7平4,车八平六,炮2进2,车
四平七,炮2进2,车七平四,马8进7,车四进一,车8进4,车四平三,马7退8,炮九
退二,车2进4,马七进六,车2平4,车六退一,车8平4,黑方满意。

15.………… 　卒3进1 　　16.炮六进四 　卒5进1

17.炮六进三 　马3退4 　　18.炮九平三 　卒3进1

19.马五进六 　…………

红方进马,准备弃子争先,大局感极强的走法。

19.………… 　卒3进1 　　20.马六进五 　卒3进1

21.炮三退二 　马4进3 　　22.炮三平五 　…………

红炮镇中,其势渐盛。

22.………… 　车8进1 　　23.车八进一 　…………

红方弃车砍炮,实出黑方所料,实战中弈来煞是精彩好看!

23.………… 　车2进2 　　24.马五进六 　将5平4

25.炮五平六 　马3进4 　　26.马六进七 　车2平4

127

27.车四平六

红方先弃后取占优。

第三种走法：马8进9

14.……………… 马8进9

黑方马踩边兵，改进后的走法。

15.炮九进四 炮2平1

黑方平炮兑车，正着。

16.车八进三 马3退2 17.炮九平五 马2进3

18.炮五退一 …………

红方应以改走炮五退二为宜。

18.……………… 马9退7

黑方退马捉炮，准备使用兑子争先的战术手段，简明有力之着。

19.相三进五 …………

红方如改走车四退一，则马7退9，黑方易走。

19.……………… 马7退5 20.车四平五 车8进3

黑车抢占卒林线，是十分老练的走法。

21.马七进六 车8平7 22.车五平六 …………

红方平车嫌软，应改走马五进七，较为积极有力。

22.……………… 卒3进1 23.车六进一 车7平4

24.炮六进四 卒3进1 25.马六进四 马3进2

26.炮六平八 …………

红方如改走相五进七，则炮1进2，马四进二，马2退4，马二进三，将5平4，黑方兵种齐全，易走。

26.……………… 象5进7

黑方易走。

第68局　黑挺卒胁车对红退车骑河（三）

1.炮二平五 马8进7 2.马二进三 车9平8

3.车一平二 马2进3 4.兵七进一 卒7进1

5.车二进六 炮8平9 6.车二平三 炮9退1

7.马八进七 士4进5 8.炮八平九 车1平2

9.车九平八 炮9平7 10.车三平四 马7进8

11.马三退五 卒7进1 12.车四退一 卒7进1

13.车八进六　　象3进5(图68)

黑方飞右象固防，保留以后出贴身车的可能。

如图68形势，红方有两种走法：(一)炮九进四；(二)马七进六。分述如下：

第一种走法：炮九进四

14.炮九进四　…………

红方炮打边卒嫌急，易为黑方所算。

14.…………　马8进9

黑方马踩边兵从红方右翼突破，积极进取之着。如改走炮2退1，则车八进一，马8退7，车四退一，车2平3，炮九进一，马3退4，

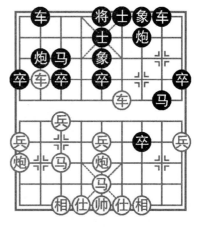

图 68

马七进六，卒3进1，兵七进一，车3进4，车八退二，车8进4，车八平七，象5进3，炮九进二，马4进3，马六进七，车8平4，马五进七，炮2平3，马七进八，车4退1，炮五平七，卒7平6，仕四进五，卒6平5，兵九进一，红有沉底炮的先手，较为易走。

15.马七进六　…………

红方如改走相三进一，则炮7平8，马七进六，炮8进8，相一退三，马9进8，炮五平九，车8进4，马五进七，炮2平1，车八进三，马3退2，仕六进五，马2进3，前炮退一，车8平6，马六进四，卒7平6，兵五进一，形成黑方多卒、红方双马灵活的两分局面。

15.…………　卒3进1

黑方弃3路卒，实出红方所料，由此黑方展开反击。

以往黑方多走车8进8，炮五平六，炮2退1，车八进一，车2平1，炮九退二，马3退4，相七进五，红方优势。

16.兵七进一　…………

红方另有三种走法：①炮九进三，车2平1，车八进一，卒3进1，黑方反先；②马六进五，炮2平1，车八进三，马3退2，兵九进一，马9进8或车8进8，对攻中黑方易走；③炮五平九，卒3进1，炮九进三，车2进1，马六进七，车8进4，黑方易走。

16.…………　炮2退1　　17.炮九平五　车2平4

18.前炮平六　车8进5

黑方进车捉马，着法紧凑有力。

19.兵五进一　车8平5　　20.马五进七　炮7进8

21.仕四进五　　炮7平9　　22.炮六平三　　炮2平3

23.马六进七　　炮3进2　　24.车八平七　　车4进8

黑方双车马炮卒构成强大攻势,红难抵挡。

第二种走法:马七进六

14.马七进六　　马8退7

黑方如改走马8进9,则相三进一,炮7平8,炮五平二,炮8平9,炮二平六,车8进5,马五进七,马9进7,炮六平四,马7进8,相一退三,炮9平7,相七进五,卒7进1,炮四进二,卒7进1,炮四平五,卒7进1,相五退三,车8平7,相三进五,车7进1,车八平七,红方略占优势。

15.车四退一　　…………

红方退车河口,利攻利守。

15.…………　　车8进4　　16.车八平七　　车2平3

黑方如改走马3退4,则马六进五,马7进5,炮五进四,炮2进4,炮九平四,车8平5,炮四进七,炮7进8,马五退三,车5进2,仕四进五,炮2平3,车七平六,车2进7,炮四平六,红方多子占优。

17.兵七进一　　车8平3　　18.车七退一　　象5进3

19.炮九平七　　马3进4

黑方如改走象7进5,则炮五平六,黑方车马不易解脱。

20.车四进四　　车3平4　　21.炮七平六　　炮2退1

22.车四退七　　炮2平4　　23.马五进七　　象3退5

黑方如改走马4退3,则马六进五,炮4平3,马五退六,车4平2,红方先手。

24.炮六退一

红方优势。

小结:红退窝心马变例,是继双车过河后出现的一个新变化。此变例中红方退右马先避开黑方7路炮的威胁,再伺机出击,较左车过河含蓄,变化的差别很微妙,也可能殊途同归。

第五节　　红进肋车捉炮变例

第69局　　红进肋车捉炮对黑7路炮打兵(一)

1.炮二平五　　马8进7　　2.马二进三　　车9平8

3.车一平二　　马2进3　　4.兵七进一　　卒7进1

5.车二进六　炮8平9　　6.车二平三　炮9退1

7.马八进七　士4进5　　8.炮八平九　车1平2

9.车九平八　炮9平7　　10.车三平四　马7进8

11.车四进二　…………

至此,形成五九炮过河车对屏风马平炮兑车红进肋车捉炮变例。红方进肋车捉炮,试探黑方应手,并顺势避开黑方卒7进1的反击手段。此变例是20世纪60年代盛行的走法。

11.…………　炮7进5

黑方进炮打兵,与下着右炮过河相配合,对红方进行封锁反击,简明的走法。

12.相三进一　炮2进4　　13.兵五进一　…………

红方进中兵,准备拆散黑方双炮的封锁。

13.…………　炮7平3　　14.马三进四　…………

红方跃马威胁黑方中路,是力争主动的走法。

14.…………　炮2退5

黑方退炮逐车,正常之着。如改走车8进3,则炮五平三,象7进9,马四退五,炮3平4,马五进六,炮2平3(如卒7进1,则兵七进一,炮2平9,兵七进一,车2进9,马七退八,红方易走),车八进九,马3退2,炮九进四,马8进7,双方呈复杂对攻之势。

15.车四退三　卒7进1　　16.马四退三　…………

红方退马,正着。如误走相一进三,则炮3平6,车四平三,象3进5,红要丢子。

16.…………　象3进5

黑方飞象,正着。如改走卒7进1,红可兵七进一抢攻在前。

17.相一进三　…………

红方飞相去卒,稳健的走法。

17.…………　炮2进5　　18.兵五进一　卒5进1

19.车四平五(图69)　…………

如图69形势,黑方有三种走法:(一)车8进3;(二)马8进7;(三)马8进9。分述如下:

第一种走法:车8进3

19.…………　车8进3

黑方升车卒林,巩固中路防线,伺机而动。

20.炮九退一　…………

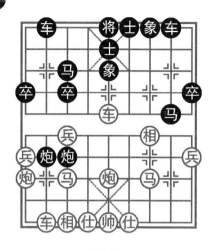

图 69

红方退炮,准备右移助攻,正着。如改走兵一进一,则马8进7,仕六进五,车8平4,马七进五,马7进5,相七进五,炮3平1,黑方可以抗衡。

20.⋯⋯⋯⋯ 马8进7

21.炮九平三 马7进5

黑方如改走炮3平9,则相三退一,马7进5,相七进五,炮9退2,也是红方略先。

22.相七进五 车8平5

23.车五平四 ⋯⋯⋯⋯

红方平车避兑,保持变化。如改走车五进一,则马3进5,局面相对简化。

23.⋯⋯⋯⋯ 车5平4

24.仕六进五 车4进3 25.兵一进一 炮2进1

26.车四平五

红方稍优。

第二种走法:马8进7

19.⋯⋯⋯⋯ 马8进7 20.炮五进一 ⋯⋯⋯⋯

红方升炮邀兑,防止黑方炮打边兵骚扰。如改走马三进五,则炮2平5,车五退二,车2进9,马七退八,马7进6,车五平六,炮3平9,黑方易走。

20.⋯⋯⋯⋯ 炮2进1 21.相七进五 ⋯⋯⋯⋯

红方不能炮五进四打象,否则黑方象7进5,车五退二,车2进6,黑优。

21.⋯⋯⋯⋯ 车8进8 22.炮五进四 象7进5

23.车五退二 车8平1

黑方平车捉炮,简明有力。

24.车五平三 车2进6 25.车三平七 车2平3

26.车八进二 ⋯⋯⋯⋯

一车换双后,红方得象,黑方留有双车,双方各有所得。

26.⋯⋯⋯⋯ 车1平4 27.仕四进五 车4退2

28.兵九进一 车3平2 29.车八进一 车4平2

30.马七进五 卒3进1 31.兵七进一 象5进3

双方大体均势。

第三种走法：马8进9

19.………………　马8进9

黑方马踩边兵，准备右炮左移，威胁红方右翼底线。

20.马三进五　炮2平5　21.车五退二　马9退7

22.车八进九　马3退2　23.炮五进五　…………

红方炮击中象，巧着，兑马后可占多兵之利。

23.………………　象7进5　24.车五平七

红方兵种齐全，易走。

第70局　红进肋车捉炮对黑7路炮打兵(二)

1.炮二平五　马8进7　　2.马二进三　车9平8

3.车一平二　马2进3　　4.兵七进一　卒7进1

5.车二进六　炮8平9　　6.车二平三　炮9退1

7.马八进七　士4进5　　8.炮八平九　车1平2

9.车九平八　炮9平7　　10.车三平四　马7进8

11.车四进二　炮7进5　　12.相三进一　炮2进4

13.兵五进一　炮7平3　　14.马三进四　马8进7

黑方进马，改进后的走法。

15.马四进五　…………

红方如改走兵五进一，则炮3平9，马四退三，炮2平5，仕六进五，车2进9，马七退八，马7进5，相七进五，车8进6，黑方反先。

15.………………　炮3平9(图70)

黑方平炮打兵、弃马争先是其精华之所在，也是其马8进7的后续手段。如改走炮3平5(如马3进5，则炮五进四，红优)，则马七进五，马3进5，车四退五，炮2平6，车八进九，红方优势。

如图70形势，红方有两种走法：(一)马五进七；(二)马五进三。分述如下：

第一种走法：马五进七

16.马五进七　炮2平5

17.仕六进五　…………

红方如改走炮五平三，则马7进5，马七

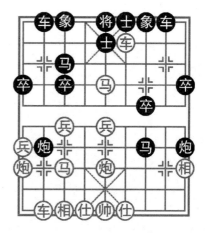

图70

进五,马5进3,马五退六,车2进9,黑方优势。

17.………… 车2进9 18.马七退八 车8进2

19.马八进七 马7进9 20.后马进五 马9进7

21.帅五平六 炮9进3 22.帅六进一 马7退5

黑方弃子有攻势。

第二种走法:马五进三

16.马五进三 炮2平5 17.炮五平三 车2进9

18.马三进二 …………

红方如改走马七退八,则车8进5,黑方易走。

18.………… 车2退3 19.马二退三 马3进5

20.车四退二 马7进9

黑方弃子踩相,展开攻击。

21.马七进五 …………

红方如改走马三退五,则马9进7,车四退五,炮9进3,帅五进一,车2进2,帅五进一,炮5平7,黑方胜定。

21.………… 车2平5 22.仕四进五 马9进7

23.帅五平四 …………

红方如改走车四退五,则马5退7,车四平三,车5平7,炮三进三,马7进6,也是黑方优势。

23.………… 车5平8 24.车四平五 车8进3

25.帅四进一 炮9进2 26.帅四进一 车8退3

27.车五平四 卒7进1

黑方胜势。

第71局　红进肋车捉炮对黑7路炮打兵(三)

1.炮二平五 马8进7 2.马二进三 车9平8

3.车一平二 马2进3 4.兵七进一 卒7进1

5.车二进六 炮8平9 6.车二平三 炮9退1

7.马八进七 士4进5 8.炮八平九 车1平2

9.车九平八 炮9平7 10.车三平四 马7进8

11.车四进二 炮7进5 12.相三进一 炮2进4

13.兵五进一 炮7平3 14.兵五进一 …………

红方续冲中兵,直攻中路。

14.…………　卒5进1　15.马七进五　车8进2

黑方如改走车8进3，则马五进六，车8平4，马六退七，车4进3，车八进一，车4平3，车八平四，马8退7，炮九平八，炮2平9，马三进一，车2进7，马一进二，车2平5，相七进五，马7进8，双方大体均势。

16.马五进六　炮3平1

黑方炮打边兵，着法积极。如改走车8平4，则马六退七，马8进7，仕四进五，车4进4，车八进二，炮2退5，车四退二，车4平3，车八进五，象3进5，炮五平四，车3退1，车四退三，卒7进1，相七进五，车3平5，炮九平七，马3退4，炮七进一，红方优势。

17.仕四进五　…………

红方如改走马三进五，则炮1平5，炮五进三，车8平5，马六进五，炮5退4，仕四进五，马3进5，炮五进二，象3进5，红方无便宜可占。

17.…………　马8进7　18.车八进二　马3退4

19.兵七进一　马4进5

黑方进马邀兑，正确。如误走卒3进1，则炮九进四，车2进3，车八进一，车2进3，炮九平五，马4进5，帅五平四，将5平4，后炮平六，车2平4，马六进七，将4平5，车四进一，红胜。

20.马六进七　车2进2　21.兵七进一　马5进3

22.马七进五　…………

红方弃马踩士，力求一搏。

22.…………　士6进5　23.车四平五　…………

红方如改走车八平七，则车8平3，车四平五，将5平6，车七进二，车2进3，车五退二，象3进5，车七进二，车3进1，车五平七，马7进5，相七进五，炮2进3，车七退六，卒5进1，黑方优势。

23.…………　将5平6(图71)

如图71形势，红方有两种走法：(一)车五进一；(二)车八平七。分述如下：

第一种走法：车五进一

24.车五进一　将6进1

25.车五退一　将6退1

26.车八平六　车8平4

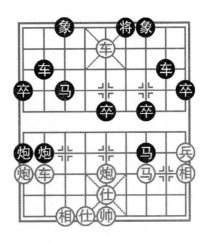

图71

27.车五退二　马3退5　　28.车五退一　车4进5

兑掉一车后,黑方优势明显。

29.仕五进六　炮2进1　　30.炮五平八　…………

红方如改走车五退二,则马7进5,相七进五,炮2退1,车五进三,炮2进3,相五退七,车2进5,黑方大占优势。

30.…………　车2进5

黑方多子大占优势。

第二种走法:车八平七

24.车八平七　…………

红方平车捉马,速败之着。

24.…………　炮2平5

黑方平中献炮,妙手!红方不敢马三进五吃炮,否则黑方有车8进7的杀着。

25.车七进四　炮5退5　　26.炮五进六　车2进5

黑方多子胜势。

第72局　红进肋车捉炮对黑7路炮打兵(四)

1.炮二平五　马8进7　　2.马二进三　车9平8

3.车一平二　马2进3　　4.兵七进一　卒7进1

5.车二进六　炮8平9　　6.车二平三　炮9退1

7.马八进七　士4进5　　8.炮八平九　车1平2

9.车九平八　炮9平7　　10.车三平四　马7进8

11.车四进二　炮7进5　　12.相三进一　炮2进4

13.兵五进一　卒7进1

黑方弃7卒,主要是防止红方马三进四的进攻手段,改进后的走法。

14.相一进三　…………

红方飞相去卒,稳健的走法。如改走车四退五捉炮,则炮2进2,相一进三,象7进5,黑方下伏车8平7捉相手段,可以先手通车。

14.…………　炮7平3

黑方平炮压马,正着。如改走炮2平9,则车八进九,炮9进3,帅五进一,马3退2,炮五进四,象3进5,车四退五,马8退7,炮五平九,车8进8,车四退二,车8平6,帅五平四,红方多兵占优。

15.兵五进一　…………

红方冲兵直攻中路,正着。如改走炮九退一,则马8进7,炮九平三,车8进6,

红方无便宜可占。

16. ……………　卒5进1

16.马七进五(图72)　……………

如图72形势,黑方有两种走法:(一)车8进2;(二)车8进3。分述如下:

第一种走法:车8进2

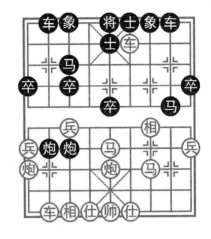

图 72

16. ……………　车8进2

17.马五进六　炮3平1

黑方炮打边兵,是力求复杂变化的走法。也可改走车8平4,马三进五(如马六退七,则车4进4),炮2平5,炮五进三,象3进5,车八进九,马3退2,马六退五,车4进4,马五进四,马8进9,形成双方各有顾忌的局面。

18.仕四进五　……………

红方补仕,稳健的走法。如改走马三进五,则炮1平5,马六退五,卒5进1,炮五进二,车8平5,炮九平五,马8进7,车四退四,马7退5,炮五进二,卒3进1,兵七进一,炮2退1,马五进七,车5进3,车四平五,炮2平5,车八进九,马3退2,黑方多子占优。

18. …………　马8进7

黑方如改走车8平4,则帅五平四,马8退7,马三进四,炮2退5,车四退二,卒5进1,马六进七,车4平3,车八进三,炮1退2,马四进五,车3平4,车四平三,马7退9,车三平一,炮1平6,车一平四,马9进7,炮五平三,炮6平8,车四退一,红胜。

19.车八进二　马3退4

黑方退马,准备增强中路防守力量。否则红方有出帅催杀的攻击手段,黑方难应。

20.兵七进一　马4进5

黑方进马避兑,正着。如改走卒3进1,则炮九进四,黑方难应。

21.马六进七　车2进2　22.炮九进四　马7进5

23.相三退五　卒3进1

黑方应改走车8进5,红如接走炮九进三,则象3进5,炮九退六,车8平7,兵七进一,马5进3,黑方多中卒易走。

24.炮九进三　士5退4　25.马七退五　马5进7

26.车四退二　……………

红方如改走车四平三，则马7进6、车八平六、车2退2、马五退三、车8平1、炮九平七、车2平3、后马进四、象7进9、车三平八、象9进7、车八退五、车3进3、车六进三、卒5进1、车六平五、车1平5、车五进二、象7退5，和势。

26.………… 马7进8　　27.马五进六　马8进7

28.车四进三　…………

红方如改走马六退八，则炮2平5、车四退六、马7进6、帅五平四、车8平3，黑方多卒占优。

28.………… 将5进1　　29.马六退八　车8平2

30.车四平三

红方胜势。

第二种走法：车8进3

16.………… 车8进3

黑方升卒林车，准备实施先弃后取的手段，取得布局平衡。

17.马五进六　车8平4

黑方平车捉马，实施先弃后取手段。

18.马六退七　车4进3　　19.车八进一　…………

红方如改走仕四进五，则车4平3、帅五平四、马8退7、车四退一、马3进5、车四退一、车3平7，黑方优势。

19.………… 车4平3　　20.车八平四　马8退7

21.炮九平八　…………

红方平炮打车，防止黑炮沉底作攻。

21.………… 炮2平9

黑方炮打边兵，必然之着。

22.马三进一　车2进7

黑车吃炮，正着。如改走车3平9，则炮八平六，红方易走。

23.炮五平三　…………

红方平炮捉马，保持变化的走法。如改走马一进二，则车2平5、相七进五、马7进8，立成和势。

23.………… 车3平7

黑方平车拦炮，正着。如改走车3平9吃马，则相三退五、马7进5、前车平三，红方得车。

24.相七进五　车2退1

黑方如改走马3进5，则炮三平八、马5退6、车四进七、车7平9，双方大体均势。

138

25.后车进一 马3进5

黑方进右马捉车,正着。

26.前车退二 象7进5 27.兵九进一 卒5进1

28.马一退二 马7进8 29.马二进三 马8退6

30.车四进四 车2平7 31.车四平五 车7进1

和势。

第73局 红进肋车捉炮对黑7路炮打兵(五)

1.炮二平五 马8进7 2.马二进三 车9平8

3.车一平二 马2进3 4.兵七进一 卒7进1

5.车二进六 炮8平9 6.车二平三 炮9退1

7.马八进七 士4进5 8.炮八平九 车1平2

9.车九平八 炮9平7 10.车三平四 马7进8

11.车四进二 炮7进5 12.相三进一 炮2进4

13.兵五进一 卒7进1 14.相一进三 炮7平3

15.炮九进四(图73)…………

红方炮打边卒,以边线出击,创新的走法。

如图73形势,黑方有三种走法:(一)马8进9;(二)卒3进1;(三)马8退7。分述如下:

第一种走法:马8进9

15.………… 马8进9

黑方马踩边兵,着法积极。如改走马3进1,则炮五进四,象3进5,炮五平九(如车四退五,则马1退3,车四平七,马3进5,车八进三,车2进6,车七平八,亦红优),红方多兵占优。

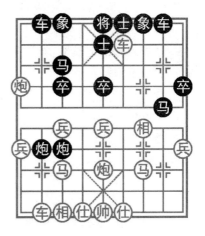

图73

16.炮九平五 象3进5 17.马三进一 炮2平9

18.车八进九 马3退2 19.相三退一 炮3进3

20.仕六进五 车8进6 21.车四退三 马2进3

22.车四平八 车8平4 23.兵五进一 卒3进1

24.车八进二 马3进5 25.兵五进一 炮9平5

黑可抗衡。

第二种走法：卒3进1

15.………… 卒3进1　　16.炮九进三　车2平1

17.车八进三　炮3进3　　18.仕六进五　炮3退4

19.兵五进一　炮3平5　　20.马七进六　…………

红方进马嫌急，应改走兵五平四，象3进5，车八平五，炮5进2，相三退五，车8进3，车五平二，车8平7，相五进三，马8退7，马三进五，卒3进1，兵四进一，车7进1，马五进七，双方各有顾忌。

20.………… 卒5进1　　21.车四退三　车1进3

22.车四平五　马8退6

黑方退马策应右翼，灵活之着，也是保持局势平衡的有力之着。

23.车五平七　马6进4　　24.马六进八　车1平2

25.车七退一　炮5退2　　26.马三进五　车8进6

黑方进车牵制红方子力，紧凑有力之着。

27.帅五平六　…………

红方出帅，寻求变化的走法。如改走炮五进四，则车2平5，马八进七，车5进3，车八平五，马4进5，车七退一，双方大体均势。

27.………… 炮5进4　　28.相三退五　…………

红方退相吃炮速败，如改走马五进六，则车8平2，马六进八，车2平4，仕五进六，车4进1，帅六平五，马3进2，也是黑方优势。

28.………… 车2进1　　29.车八进二　马3进2

黑方得子胜势。

第三种走法：马8退7

15.………… 马8退7

黑方退马，保护中卒，稳健的应法。

16.车四平三　马3进1

黑方以马兑炮，正着。如改走车8进2，则炮九进三，车2平1，车八进三，炮3进3，仕六进五，象7进5，马七进五，红方易走。

17.车三退一　卒3进1　　18.炮五进四　象7进5

19.相三退五　卒3进1　　20.相五进七　马1进3

21.兵五进一　车8进4　　22.相七进五　车8平5

23.炮五平二　车5平8　　24.车三退一　炮3平1

25.仕六进五　炮1退1

双方均势。

第74局　红进肋车捉炮对黑退炮逐车(一)

1.炮二平五　马8进7　　2.马二进三　车9平8

3.车一平二　马2进3　　4.兵七进一　卒7进1

5.车二进六　炮8平9　　6.车二平三　炮9退1

7.马八进七　士4进5　　8.炮八平九　车1平2

9.车九平八　炮9平7　　10.车三平四　马7进8

11.车四进二　炮2退1

黑方退炮打车,稳健的走法。

12.车四退三　…………

红方退车骑河准备兑七兵攻击黑方3路马,迫使黑方补象固防,然后左车过河捉马抢先。

12.…………　象3进5

黑方如改走马8进7,则车四平三,马7进5,炮九平五,炮7进6,车三退三,炮2进5,马七进六,红方易走。

13.车八进七　马8进7

黑方进马踩兵捉车,正着。如改走炮7进1,则炮五平六,马8进7,车四进一,马7退8,马七进六,卒7进1,车四平三,士5退4,马六进四,炮2平7,车八进二,后炮进2,车八退二,前炮进4,炮九进四,马3退5,车八进二,卒5进1,炮九进三,马5退3,炮六进四,红方优势。

14.车四退二　…………

红方退车捉马,正着。如改走车四退一,则炮7进1,马七进六,卒7进1,红方不能车四平三吃卒,否则黑有象5进7打双车手段,黑方易走。

14.…………　炮7进1

黑方升炮保马,正着。如改走车2平3,则马七进六,红方子力灵活易走。

15.炮九进四　…………

红方炮打边卒,准备侧翼进攻。

15.…………　车8进8

黑方升车下二路,争取对攻的走法。如改走马7退8,则马三退五,卒7进1,车四平二,卒3进1,兵七进一,马3进4,车八退三,马4进6,炮五平二,车2平1,炮九平七,炮2平3,炮二进三,卒7进1,车二平三,马6退8,车三平二,红方易走。

16.炮九进一　…………

红方如改走炮五平六,则炮2平1,车八进二,马3退2,马七进六,马7退8,黑可先发制人。

16.………… 马3退4　　17.车八退一(图74)　………

　　如图74形势,黑方有三种走法:(一)马4进3;(二)炮7进1;(三)炮7退1。分述如下:

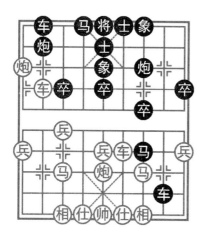

图 74

第一种走法:马4进3

　　17.………… 　　马4进3

　　黑方进马,稳健的走法。如改走炮7平1,则车四平三,黑方右翼车炮受牵,红方主动。

　　18.马七进六　　马7退8

　　黑方如改走车8平7,则炮五平九,车7退1,相七进五,车7进1,前炮进二,马3退4,马六进七,红方大占优势。

　　19.马六进七　　炮7进5

　　20.车八进一　　车8平7

　　黑方如改走炮2平1,则车八平七,红方伏有炮打中卒及马踏中卒的手段,占优。

　　21.相三进一　　车7平4　　22.炮九平七　　车2平4

　　23.仕四进五　　炮2平3　　24.兵七进一　　车4退5

　　25.车四平二　　马8退9

　　黑方如改走马8退7,则兵五进一,也是红方主动。

　　26.兵五进一　　马9进7　　27.车二平七　　前车进2

　　28.马七进九　　炮3进3　　29.炮五进四　　前车平5

　　30.车八退一

　　红方主动。

第二种走法:炮7进1

　　17.………… 　　炮7进1

　　黑方升炮,守护卒林。

　　18.马七进六　　车8平7　　19.车四进三　　炮7退2

　　黑方如改走马7进5,则马六退五,车7退1,车四平三,车2平1,炮九退三,红方子力占位较好,且可占多兵之势,易走。

　　20.炮五进四　　…………

　　红方弃马谋取中卒,过于强硬,应以改走马三退五为宜。

20.………… 　车7退1 　　21.相七进五 　车7进1

22.仕六进五 　车7平6 　　23.车四平三 　车2平1

24.炮九退三 　马进3 　　25.炮五退一 　车1进4

26.马六进七 　车1平4

黑方多子占优。

第三种走法:炮7退1

17.………… 　炮7退1

黑方退炮,正确的选择。

18.马七进六 　…………

红方如改走炮五进四,则马7进9,黑有攻势。

18.………… 　车8平7

黑方平车捉马,不怕红方右翼发难,谋取实利的走法。

19.炮五进四 　车7退1 　　20.马六进七 　车2平1

21.车八进一 　车7平4

黑方平车占肋道,紧要之着。

22.马七进八 　马4进2 　　23.车四进五 　车4退4

24.炮九平五 　…………

红炮轰象,出于无奈。如改走炮五退一,则黑方将5平4,下伏炮7进1手
段,红亦难走。

24.………… 　将5平4 　　25.前炮平三 　…………

红方如改走仕四进五,则炮7进1,车八进一,车4平5,黑亦多子占优。

25.………… 　车4进6 　　26.帅五进一 　车4退1

27.帅五退一 　车1进6

黑方胜势。

第75局　红进肋车捉炮对黑退炮逐车(二)

1.炮二平五 　马8进7 　　2.马二进三 　车9平8

3.车一平二 　马2进3 　　4.兵七进一 　卒7进1

5.车二进六 　炮8平9 　　6.车二平三 　炮9退1

7.马八进七 　士4进5 　　8.炮八平九 　车1平2

9.车九平八 　炮9平7 　　10.车三平四 　马7进8

11.车四进二 　炮2退1 　　12.车四退三 　象3进5

13.车八进七 　马8进7 　　14.车四退二 　炮7进1

143

15.炮九进四   车2平1

黑方平车捉炮摆脱牵制,是一种稳健的走法。

16.炮九退二   …………

红方退炮,正着。如改走车八进一吃炮,则车1进3,黑较易走。

16.…………   炮2平4   17.马七进六   车8进8

黑方车8进8准备寻隙攻击,是力争主动的走法。

18.炮五平九   …………

红方平边炮,是攻守兼备的走法。如改走炮五平七,则车8平4,仕四进五,车4退2,马六进七,车4平3,炮七平九,炮4进1,车八进一,车3退1,车四进五,车3退2,前炮平五,车1平2,炮五进三,将5平4,车八平七,炮4退1,车四退四,象7进5,车四平八,将4平5,车八进五,炮4退1,炮九平六,马7退6,黑方易走。

18.…………   车8平4(图75)

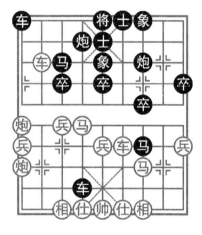

图 75

如图75形势,红方有两种走法:(一)仕四进五;(二)马六退五。分述如下:

第一种走法:仕四进五

19.仕四进五   …………

红方补仕,巩固阵势。

19.…………   卒3进1
20.马六进七   卒3进1
21.前炮进三   车1平3
22.车八进一   …………

红方如改走炮九平七,则车3进2,车八平七,炮7平3,车四平三,炮4平3,黑可得回失子占优。

22.…………   车4退5

黑方退车勒马,正着,否则红有马七进五弃马搏双象的手段。

23.马七退九   卒3平4   24.兵九进一

互缠中,黑不难走。

第二种走法:马六退五

19. 马六退五   …………

红方退马,老练的走法。

19.…………   炮4进1

黑方进炮驱车,可乘机先手调整子力位置。

20.车八退一　…………

红方退车,正着。红方不能车八平七,否则黑方炮4进4,红要失车。

20.…………　车1平2　　21.车八进三　马3退2

22.兵五进一　马2进4

黑方如改走马7退8,则炮九进五,马2进4,车四平八,红方易走。

23.兵七进一　…………

红方如改走仕四进五,则炮4平3,马五进三,卒7进1,炮九进五,卒7进1,车四平三,炮7进5,车三退一,车4退2,红方残局易走。

23.…………　马7退8

黑方如改走卒3进1,则马五进三,炮4平3,仕六进五,炮3进7,后马退一,红方多子易走。

24.兵七进一　炮4平1　　25.车四平七　卒7进1

26.兵七进一　车4退5　　27.兵七进一　马4进3

28.车七平八

对攻中红方易走。

第76局　　红进肋车捉炮对黑退炮逐车(三)

1.炮二平五　马8进7　　2.马二进三　车9平8

3.车一平二　马2进3　　4.兵七进一　卒7进1

5.车二进六　炮8平9　　6.车二平三　炮9退1

7.马八进七　士4进5　　8.炮八平九　车1平2

9.车九平八　炮9平7　　10.车三平四　马7进8

11.车四进二　炮2退1　　12.车四退三　象3进5

13.车八进七　马8进7　　14.车四退二　炮7进1

15.马七进六　车2平4　　16.马六进七　…………

红方如改走车四进一保马,则卒7进1,车四进二(如车四平三,则象5进7打双车),车4进5,黑方优势。

16.…………　炮2平3　　17.兵七进一　车8进8

黑方进车下二路,针锋相对之着。如改走车8进5,则兵五进一,车8平5,仕四进五,红方优势。

18.仕四进五　…………

红方补仕拦车,求变之着。如改走炮九平七,则车8平4,仕四进五,前车平3,马七进五,象7进5,炮七进五,车3退4,炮五进四,车4进3,车八进二,车4退3,

车八退二,车4进3,双方不变作和。

18.………… 车8平7 19.相三进一(图76)…………

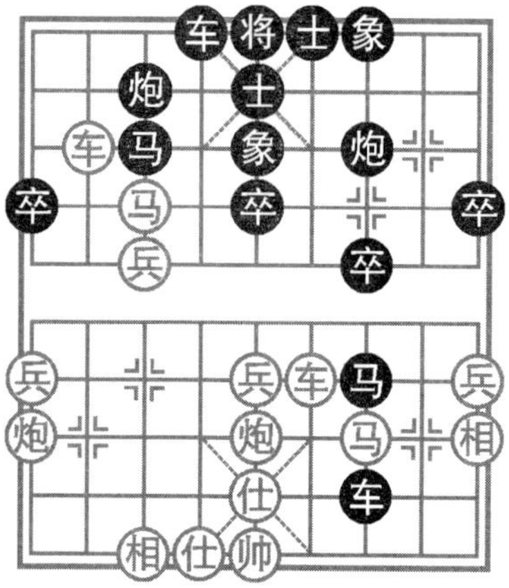

图76

如图76形势,黑方有两种走法:(一)马7进9;(二)车4进3。分述如下:

第一种走法:马7进9

19.………… 马7进9

黑方以马踏相,争取对攻的走法。

20.炮五平一 车7退1

21.炮一进四 车7平3

黑方平车捉相,失察。应以改走炮7平9为宜。

22.马七进五 …………

红方马踏中象,毁去黑方藩篱,是迅速扩大优势的巧妙之着。

22.………… 象7进5 23.炮一进三 象5退7

黑方如改走炮7退2,则车八平七,车3退3,车七退二,象5进3,相七进五,车4进6,兵九进一,也是红方易走。

24.车八平七 炮7退1 25.车四平二 炮7平8

26.炮九进四 车4进8 27.炮九进三

红方优势。

第二种走法:车4进3

19.………… 车4进3

黑方升车瞄马,诱红方炮九进四侧击。

20.车四平二 …………

红方一车换双,简明的走法。如改走炮九进四,则炮3进2,兵七进一,车4平3,炮九进三,车3平1,黑方优势。

20.………… 炮7进4

黑方如改走炮3进2,则兵七进一,车4平3,车三平四,炮7进5,炮九退一,车3进5,车八平七,车3平1,炮五进四,将5平4,车四进六,红方速胜。

21.车八平七 炮3进2 22.兵七进一 车4进2

23.车七平八 炮7平8 24.车八进二 车4退5

黑方如改走士5退4,则炮五进四,象5退3(如士6进5,则炮九进四,红方优势),车八退二,将5进1,车八平二,也是红方占优。

25.车八退五　炮8进1　26.兵七进一

红方有兵过河,略为易走。

第77局　红进肋车捉炮对黑退炮逐车(四)

1.炮二平五　马8进7　　2.马二进三　车9平8

3.车一平二　马2进3　　4.兵七进一　卒7进1

5.车二进六　炮8平9　　6.车二平三　炮9退1

7.马八进七　士4进5　　8.炮八平九　车1平2

9.车九平八　炮9平7　　10.车三平四　马7进8

11.车四进二　炮2退1　　12.车四退三　象3进5

13.车八进七　马8进7　　14.车四退二　炮7进1

15.仕四进五(图77)　…………

如图77形势,黑方有三种走法:(一)炮2平1;(二)车8进8;(三)车8进5。分述如下:

第一种走法:炮2平1

15.…………　炮2平1

黑方平炮兑车,简化局势,稳健的走法。

16.车八进二　马3退2

17.马七进六　马2进3

18.马六进五　马3进5

19.炮五进四　车8进3

20.炮九进四　车8进2

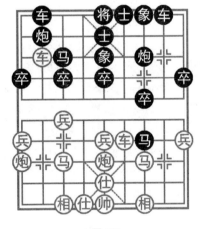

图77

黑方如改走车8进3,则车四退一,也是红方先手。

21.车四退一　车8平3

22.车四平八　车3平4　　23.车八进七　车4退5

24.车八退四　象7进9　　25.车八退一

红方主动。

第二种走法:车8进8

15.…………　车8进8　　16.马七进六　…………

红方如改走炮九退一,则车8退7,炮九进五,车8平6,车四进五,炮2平6,车八进二,马3退2,炮五进四,卒7进1,炮五平三,炮6平9,马七进六,卒7平8,马六进七,卒8进1,黑方有卒渡河,略为易走。

16.…………　车2平4　　17.马六进五　马3进5

18.炮五进四　炮7平2

黑方如改走车4进3,则车八进一,车4平5,车八进一,士5退4,炮九进四,车5进1,炮九进三,车5平1,炮九平六,红方大占优势。

19.帅五平四　车4进9　　20.仕五退六　将5平4

21.车四平三　车8平4　　22.兵五进一　…………

红方挺兵通车,正着。

22.…………　车4进1　　23.帅四进一　士5进6

24.相七进五　车4退2　　25.炮九进四　卒3进1

26.兵七进一

红方多子占优。

第三种走法:车8进5

15.…………　车8进5

黑车骑河捉兵,展开反击。

16.兵五进一　炮2平1　　17.车八进二　马3退2

18.炮九进四　马2进3　　19.炮九平五　…………

红方如改走炮九退二,则车8进3,也是黑方较为易走。

19.…………　马3进5　　20.炮五进四　车8平5

21.炮五平三　马7退8　　22.车四平二　马8退9

23.车二进四　炮7平6　　24.相三进五　卒7进1

黑方优势。

第78局　红进肋车捉炮对黑退炮逐车(五)

1.炮二平五　马8进7　　2.马二进三　车9平8

3.车一平二　马2进3　　4.兵七进一　卒7进1

5.车二进六　炮8平9　　6.车二平三　炮9退1

7.马八进七　士4进5　　8.炮八平九　车1平2

9.车九平八　炮9平7　　10.车三平四　马7进8

11.车四进二　炮2退1　　12.车四退三　象3进5

13.车八进七　马8进7　　14.车四退二　炮7进1

15.炮五平六(图78)　…………

红方卸中炮调整阵形,稳健的走法。

如图78形势,黑方有两种走法:(一)马7退8;(二)炮2平1。分述如下:

第一种走法：马7退8

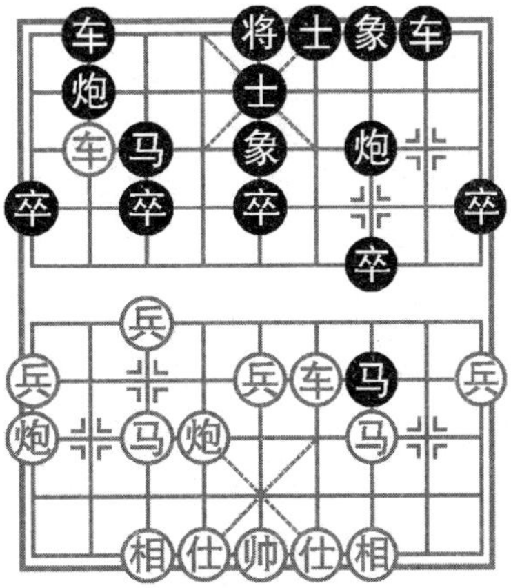

15.…………　马7退8

针对红方卸炮阵形,黑方回马准备冲7卒进行反击。

16.马七进六　…………

红方进马,急攻之着。

16.…………　卒7进1

17.马六进四　炮7平6

18.马四进六　…………

红方进马奔袭卧槽,展开对攻。不如改走车四平二,相对稳健。

图78

18.…………　炮2平4

黑方平肋炮兑车,是化解红方袭槽的巧妙之着。

19.炮六进六　…………

红方弃车,求攻。如改走车八进二,则马3退2,黑方易走。

19.…………　车2进2　20.马六进七　士5进4

黑方扬士,正着。如改走将5平4,则炮六退五,车2进5,车四进二,红方胜势。

21.炮六平一　…………

红方如改走车四进四,则将5进1,红无续攻手段,黑方易走。

21.…………　将5进1　22.车四进四　车2进5

23.仕四进五　车8平9

黑方平车捉炮,正着。如改走车2平7吃马,则红方相七进五后,伏有炮九平八的手段,黑方难应。

24.炮一平二　车9进1　25.炮二退二　卒7进1

26.马三退四　车9平6

黑方平车弃兵兑车,好棋!

27.车四平五　将5平4　28.车五平三　马8进6

黑方优势。

第二种走法：炮2平1

15.…………　炮2平1

黑方平炮兑车,削弱红方攻势并减轻己方右翼压力。

16.车八进二　马3退2　17.相七进五　…………

红方补相巩固阵势,稳健的走法。

17.………… 马2进3 　18.仕六进五 　车8进3

19.兵五进一 　卒3进1 　20.兵七进一 　象5进3

21.马七进八 　象3退5 　22.炮六平七 　卒7进1

23.马八进七 　…………

红方如改走炮七进二,则车8平7,黑不难走。

23.………… 车8进1 　24.炮七进二 　炮1平3

25.马七进五 　…………

红方如改走炮七进三,则炮7平3,马七进九,后炮平4,车四平六,炮3平4,车六平五,车8平2,仕五退六,马7进5,相三进五,车2退2,相五进三,车2平1,黑方优势。

25.………… 象7进5 　26.炮七进四

至此,形成红方得象、黑方多卒的两分局势。

第79局　红进肋车捉炮对黑退炮逐车(六)

1.炮二平五 　马8进7 　2.马二进三 　车9平8

3.车一平二 　马2进3 　4.兵七进一 　卒7进1

5.车二进六 　炮8平9 　6.车二平三 　炮9退1

7.马八进七 　士4进5 　8.炮八平九 　车1平2

9.车九平八 　炮9平7 　10.车三平四 　马7进8

11.车四进二 　炮2退1

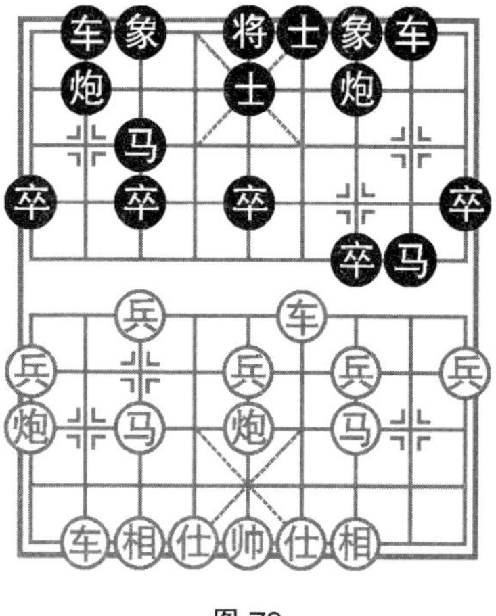

图79

12.车四退四(图79)　…………

红方退车巡河,稳健的走法。

如图79形势,黑方有三种走法:(一)炮2进5;(二)炮2进7;(三)马8进7。分述如下:

第一种走法:炮2进5

12.………… 炮2进5

黑方进炮封车,抢占要道。

13.马七进六 　…………

红方跃马河口,不怕黑方退炮"拴链"。

13.………… 炮2退1

14.马三退五 　…………

红方退马窝心,准备解救被牵车马,正着。

150

14.…………　马8进7

黑方进马求势,积极的走法。如改走炮2平4,则车八进九,马3退2,炮五进四,象3进5,车四平六,马2进3,炮五平三,马8进9,相七进五,马9进8,车六进二,炮7平6,马五退七,车8进3,仕六进五,炮6进1,马七进六,马8退7,兵五进一,马7进6,兵五进一,红方优势。

15.马五进七　炮2进3
黑方进炮压车,准备左移取势。

16.炮五平三　…………
红方平炮调整阵势,正着。

16.…………　象7进5　　17.仕六进五　车8进9
黑方沉车底线夺相,待红方补起相后再退车捉炮,构思巧妙。

18.相七进五　车8退2　　19.马七退六　炮2退3

20.后马进七　炮2进2
黑方进炮牵制红方子力,紧凑有力之着。

21.炮三平四　…………

红方如改走炮三退一,则马7进5,马六退五(如炮三进七,则马5进3,帅五平六,车2进6,黑方胜势),炮2平5,相三进五,炮7进7,黑方得相占优。

21.…………　马7进6　　22.相三进一　车8平9

23.炮四进七　炮7平8　　24.车四平二　车9平8

25.车二退二　马6退8
黑方得相易走。

第二种走法:炮2进7

12.…………　炮2进7
黑方进炮压车,也是一种走法。

13.马七进六　马8进7　　14.车四退一　…………

红方退车勒马嫌软,应改走炮五进四,黑如接走马3进5,则马六进五,象7进5。

14.…………　卒7进1
黑卒乘机过河,已呈反先之势。

15.兵五进一　象7进5　　16.仕六进五　车8进6
黑方进车兵线,含蓄有力之着。

17.马六进五　马3进5　　18.炮五进四　卒7平6
黑方献卒提车,妙手!

19.车四进一　　马7退5

黑方亦可改走马7退8,车四平三,炮7进6,车三退二,马8进6,黑方得子。

20.相七进五　　马5进3　　　21.炮九进四　　车8平7

22.马三退二　　马3进4　　　23.车八平七　　炮2进1

24.车七进一　　车7平4

黑方优势。

第三种走法:马8进7

12.…………　　马8进7

黑方进马争先,下伏马7进5得子的手段。

13.车八进七　　马7进5

黑方如改走车8进2,则马七进六,红方先手。

14.相七进五　　…………

红方如改走炮九平五,则炮7进6,马七退五,炮7退1,车八平七,炮2进5,炮五进四,象3进5,车七退一,车8进6,兵七进一,车2平4,车四平八,红方多兵且子力配合较佳,占优。

14.…………　　炮7进6　　　15.车四退二　　炮7平5

16.炮九平五　　车8进2　　　17.马七进六　　炮2平4

18.车八进二　　马3退2　　　19.炮五进四　　将5平4

20.炮五平九

红方易走。

第80局　　红进肋车捉炮对黑退炮逐车(七)

1.炮二平五　　马8进7　　　2.马二进三　　车9平8

3.车一平二　　马2进3　　　4.兵七进一　　卒7进1

5.车二进六　　炮8平9　　　6.车二平三　　炮9退1

7.马八进七　　士4进5　　　8.炮八平九　　车1平2

9.车九平八　　炮9平7　　　10.车三平四　　马7进8

11.车四进二　　炮2退1　　　12.车四退五　　…………

红方退车兵线,准备弃子抢攻,含蓄的走法。

12.…………　　炮2进7

黑方进炮封车,以静制动,正着。

另有两种走法:①卒7进1,兵三进一,炮7进6,炮五进四,马3进5,炮九平三,红方弃子夺势;②炮2进5,兵五进一,炮2平7,车八进九,前炮进3,仕四进

152

五,马3退2,炮五进四,象7进5,车四平二,卒7进1,马三进五,红方多兵易走。

13.马七进六　象7进5

黑方补象固防,稳健的走法。

14.马三退五　马8进7　15.炮五平三(图80)…………

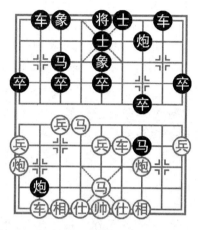

如图80形势,黑方有两种走法:(一)车8进5;(二)车8进3。分述如下:

第一种走法:车8进5

15.…………　车8进5

黑方进车捉马,是力争主动的走法。如改走炮2退2,则兵五进一,炮2退1,马五进七,炮2平4,车八进九,马3退2,马七进六,红方先手。

16.马五进七　炮2退2

黑方退炮打车逼红方挺中兵通车,可以谋取实利,是简明有力的走法。

17.兵五进一　车8平5

18.相七进五　炮2退2

19.仕六进五　…………

红方如改走炮九退一,则炮2进4(如炮2平5,则炮九平五,车2进9,炮五进三,车2退5,仕四进五,红方略好),也是黑方多卒易走。

19.…………　卒7进1　20.马六进七　炮7进2

互缠中,黑方多卒易走。

第二种走法:车8进3

15.…………　车8进3　16.马五进七　卒5进1

黑方挺卒,活通车路,灵活的走法。

17.仕六进五　炮2退2　18.兵五进一　…………

红方如改走车四进一,则炮2平3,车八进九,马3退1,相七进五,马2进3,炮九退一,炮7平9,互缠中,黑方多卒易走。

18.…………　炮2平5

黑方平炮叫将先弃后取,是兑子取势的巧妙之着。

19.车四平五　车2进9　20.马七退八　卒5进1

21.车五平六　卒5平4　22.车六进一　卒3进1

黑方兑卒活马,好棋!

图 80

153

23.兵七进一　　马3进5

黑方进马踩双,是上着兑卒的后续手段。

24.车六平七　…………

红方平车,无奈!如改走车六进二,则马7退5,红方丢子。

24.…………　　马5进3　　25.马八进七　　车8平5

26.马七进八　　炮7平9　　27.炮三平七　　马7退5

黑方子力灵活且多卒占优。

小结:红方进肋车捉炮变例,是20世纪60年代流行的走法。红方进车捉炮,避开了黑方冲卒的手段,是力争主动的走法。此变例中黑方炮2退1逐车应法虽然稳健,但反弹力较弱,黑方子力不易展开;黑方炮7进5进炮打兵应法,主动出击,实战效果较为理想。

第六节　红退车巡河变例

第81局　红退车巡河对黑进马踩兵(一)

1.炮二平五　　马8进7　　2.马二进三　　车9平8

3.车一平二　　马2进3　　4.兵七进一　　卒7进1

5.车二进六　　炮8平9　　6.车二平三　　炮9退1

7.马八进七　　士4进5　　8.炮八平九　　车1平2

9.车九平八　　炮9平7　　10.车三平四　　马7进8

11.车四退二　…………

至此,形成五九炮过河车对屏风马平炮兑车红退车巡河变例。红方退车巡河避开黑方冲7卒胁车的手段,稳健的走法。

11.…………　　马8进7

黑方进马踩兵,含蓄多变的走法。如改走象7进5,则车八进六,马8进7,炮五平六,炮2平1,车八进三,马3退2,炮九进四,马2进3,炮九平八,炮1进2,马七进六,卒7进1,车四进二,车8进4,车四平三,车8平7,车三退一,象5进7,相七进五,卒7平8,炮八退三,象3进5,兵九进一,炮1平5,马六进七,卒8进1,炮六进四,红方易走。

12.炮五平六　…………

红方卸炮调整阵势,并可防止黑方马7进5兑炮简化局面,灵活之着。

12.…………　　炮2进2

黑方升炮巡河,准备策应左翼。

13.相七进五　象3进5(图81)

如图81形势,红方有两种走法:(一)车四进四;(二)车八进四。分述如下:

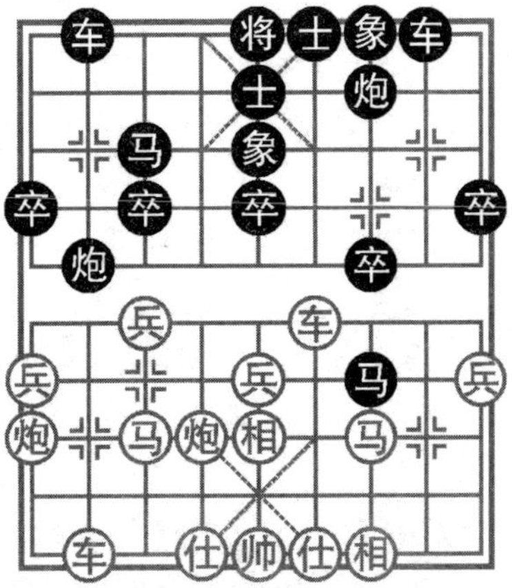

第一种走法:车四进四

14.车四进四　…………

红方进车捉炮,试探黑方应手。

14.…………　炮7进1

黑方如改走炮2退3,则车四退二,红方先手。

15.马七进六　车8进8

黑方进车下二路,抢先之着。

16.马六进七　车8平4　　17.炮六平七　车4退6

18.车八进三　炮7平6　　19.仕四进五　炮2平6

20.车八进六　马3退2　　21.车四平三　前炮平2

22.炮九平八　马2进3

黑方满意。

第二种走法:车八进四

14.车八进四　…………

红方左车巡河稳步进取,改进后的走法。

14.…………　卒7进1　　15.车四进四　…………

红方如改走相五进三,则车8进4,马七进六,卒3进1,黑可抗衡。

15.…………　炮2退3

黑方如改走炮7进1,则马七进六,炮7平6,车四平三,车8进5,仕六进五,红方优势。

16.车四退二　卒7平8　　17.车八进三　车2平3

黑方平车保马,稳健的走法。如改走炮7进1,则车四平三,车8进2,炮九进四,卒8进1,马七进六,炮7平6,马六进七,车8进2,仕六进五,炮2平1,车八进二,马3退2,炮九平五,马2进1,炮五平一,红方多兵占优。

18.马七进六　车8进4　　19.马六进七　炮2平4

20.炮六平七　炮4进2　　21.车四退二　炮7进1

22.车八退三　炮7平6　　23.车四平六

红方先手。

图 81

第82局 红退车巡河对黑进马踩兵(二)

1.炮二平五　马8进7	2.马二进三　车9平8
3.车一平二　马2进3	4.兵七进一　卒7进1
5.车二进六　炮8平9	6.车二平三　炮9退1
7.马八进七　士4进5	8.炮八平九　车1平2
9.车九平八　炮9平7	10.车三平四　马7进8
11.车四退二　马8进7	12.炮五平六　车8进2(图82)

图82

黑方升车准备伺机邀兑,不失为灵活的走法。

如图82形势,红方有三种走法:(一)相七进五;(二)车八进五;(三)车四进四。分述如下:

第一种走法:相七进五

13.相七进五　车8平6

黑方平车邀兑,简化局势的走法。如改走炮2进2,则车八进四,车8平7,马七进六,卒7进1,车四进一,炮2退3,车八进三,炮2平1,车八进二,马3退2,炮九进四,马2进3,马六进五,红方优势。

14.车四进三　炮2平6

15.车八进九　马3退2　　16.炮九进四　…………

红方乘机进炮谋卒,紧凑有力之着。如改走马七进六,则马2进3,炮六平七,象3进5,炮七进四,炮6平7,马三退五,卒9进1,马五进七,前炮平9,炮七平六,马3进4,黑方满意。

16.…………　马2进3

黑方如改走象3进5,则马七进六,卒3进1,兵七进一,象5进3,炮九平一,马2进3,炮一平三,象3退5,炮六进一,马7退8,兵一进一,红方易走。

17.炮九进三　象3进5	18.马七进六　卒3进1
19.兵七进一　象5进3	20.炮六平八　将5平4
21.炮八进七　将4进1	22.炮八平三　象3退5
23.炮三平二　马3进4	24.炮九退五

红方易走。

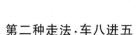

第二种走法：车八进五

13.车八进五　…………

红方左车骑河,实战效果不佳。

13.…………　炮2平1

黑方平炮兑车,力求简化局势的走法。

14.兵七进一　卒3进1　　15.车八平七　车2进4

16.车七平八　马3进2　　17.车四平八　车8平3

黑方平车捉马,形成势均力敌之势。

18.车八进一　车3进5　　19.车八平三　车3平4

20.车三退二　炮7进6　　21.炮九平三

和势。

第三种走法：车四进四

13.车四进四　…………

红方进车捉炮,着法积极。

13.…………　炮7进1　　14.车八进六　炮7平6

15.车四平三　象3进5　　16.车三退二　车8进3

17.相七进五　车8平6　　18.仕六进五　卒9进1

19.兵九进一　车6退1　　20.炮九进一　马7退8

21.马七进六　车6平5　　22.马六进七　…………

红方进马吃卒,可以谋取多兵之利,简明实惠的走法。

22.…………　车5平6　　23.炮九进三　炮6进1

24.炮六平七　炮6平3　　25.炮七进四　炮2平1

26.车八进三　马3退2　　27.炮九平五

红方多兵占优。

第83局　红退车巡河对黑进马踩兵(三)

1.炮二平五　马8进7　　2.马二进三　车9平8

3.车一平二　马2进3　　4.兵七进一　卒7进1

5.车二进六　炮8平9　　6.车二平三　炮9退1

7.马八进七　士4进5　　8.炮八平九　车1平2

9.车九平八　炮9平7　　10.车三平四　马7进8

11.车四退二　马8进7　　12.炮五平六　炮2进4

黑方进炮封压红车,改进后的走法。

157

13.相七进五 …………

红方飞相,巩固阵势。如改走兵七进一,则卒3进1,马七进八,炮2平3,炮九平八,炮3平2,炮八平七,炮2平3,相七进五,象3进5,仕六进五,马3进4,车四平六,卒3进1,车六平七,马7退6,马三进四,马4进6,车七平四,车8进8,黑方满意。

13.………… 象3进5

黑方如改走象7进5,则兵七进一,卒3进1,马七进八,炮2平3,炮九平八,炮3平2,车八平七,红方易走。

14.仕六进五 …………

红方如改走兵七进一,则卒3进1,马七进八,炮2平3,炮九平八,车2平4,仕六进五,马7退8,马八进九,马3进1,炮八进七,车4进1,车四平九,车4平2,车八进八,马1退2,马三进四,车8进3,黑方多子占优。

14.………… 马7退8(图83)

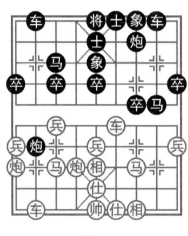

图83

如图83形势,红方有三种走法:(一)兵一进一;(二)车四平二;(三)兵七进一。分述如下:

第一种走法:兵一进一

15.兵一进一 …………

红方挺边兵,防止黑炮平9,细腻的走法。

15.………… 炮2退2

16.车四进四 炮2退3

17.车四退三 …………

红方应改走车四退二为宜。

17.………… 卒7进1

黑方7卒乘机过河,形势将渐趋有利。

18.车八进七 车2平3　19.马七进六 马8退7

20.车四进一 卒7进1　21.马三退一 车8进4

黑方高车巡河稍嫌保守,可改走车8进5,马六进七,车8平9,炮九退一,车9退1,黑方多双卒占据主动。

22.马六进七 …………

红马踏卒嫌急,应改走炮九平七,黑如接走炮2平4,则炮六进六,炮7平4,马六进七,红方对黑方亦有一定的牵制力。

22. …………　炮2平4　　23. 炮九平七　车8平6

24. 车四退一　马7进6　　25. 兵五进一　炮4进1

26. 车八退四　车3平2

黑方乐观。

第二种走法：车四平二

15. 车四平二　…………

红方平车拴链黑方车马，稳健的走法。

15. …………　卒7进1

黑方弃卒，摆脱牵制。另可改走马8退9，车二进五，马9退8，马三进四，卒3进1，兵七进一，象5进3，黑方满意。

16. 车二平三　炮7进6　　17. 车三退二　马8进9

18. 车三进四　车8进4　　19. 车三平一　车8平2

20. 马七进六　炮2进1　　21. 仕五退六　马9退8

22. 车一退一　后车进3

双方互缠。

第三种走法：兵七进一

15. 兵七进一　…………

红方弃兵，求变之着。

15. …………　卒3进1　　16. 车四平八　车2进5

17. 马七进八　卒3进1　　18. 马八进九　…………

红方马踩边卒，简化局势的走法。如改走马八进七，则炮2平3，车八进七，炮7进1，炮九进四，炮3退3，炮九进三，卒7进1，兵五进一，马8进7，车八进二，士5退4，车八退三，士4进5，黑方优势。

18. …………　马3进1　　19. 炮九进四　炮7进6

20. 车八进三　炮7平4　　21. 仕五进六　将5平4

22. 相五进七　马8退7

双方大体均势。

第84局　红退车巡河对黑右炮过河

1. 炮二平五　马8进7　　2. 马二进三　车9平8

3. 车一平二　马2进3　　4. 兵七进一　卒7进1

5. 车二进六　炮8平9　　6. 车二平三　炮9退1

7. 马八进七　士4进5　　8. 炮八平九　车1平2

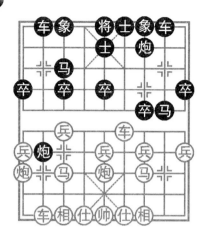

图84

9.车九平八　炮9平7
10.车三平四　马7进8
11.车四退二　炮2进4(图84)

黑方即刻进炮封车,不落俗套的走法。

如图84形势,红方有两种走法:(一)兵五进一;(二)马七进六。分述如下:

第一种走法:兵五进一

12.兵五进一　象7进5
13.仕六进五　马8进7
14.车四退一　炮2退2
15.马七进六　车8进5

黑车骑河捉兵,力争主动的走法。

16.马六进七　车8平5

黑方平车杀中兵,取势要着。

17.车八进四　…………

红方高车保兵,必走之着。如改走马三进五打车,则黑方伏有马7进6献马叫闷宫的手段,红方难应。

17.…………　卒7进1　　18.帅五平六　炮2平4

黑方平炮兑车,简明有力。

19.车八进五　马3退2　　20.车四平七　马2进1
21.兵七进一　炮4平7　　22.马三进五　车5平4
23.炮五平六　马7退5

黑方退马巧妙一击,令红方顿感难以招架。

24.车七进一　车4平3　　25.马五进七　马5退3
26.前马进一　前炮进5　　27.帅六进一　象3进1

黑方大占优势。

第二种走法:马七进六

12.马七进六　炮7进5　　13.马三退五　马8退7

14.炮五平四　…………

红方卸炮调整阵形,形成相持局面。

14.…………　象7进5　　15.相七进五　车8进3
16.马五进七　卒5进1　　17.仕六进五　炮2进1
18.兵五进一　卒5进1　　19.车四平五　炮7进1

20.马七进五　炮2平6　　21.车八进九　马3退2

22.仕五进四　炮7进1　　23.炮九进四　卒3进1

24.炮九退一　卒3进1　　25.马五进七　马2进1

红方稍好。

小结:红退车巡河变例,是2007年全国大赛中出现的创新着法,其战略目的是避开常套,寻求复杂变化,较量中残局功力。

第七节　红进河口马变例

第85局　红跃马盘河对黑冲卒逐车

1.炮二平五　马8进7　　2.马二进三　车9平8

3.车一平二　马2进3　　4.兵七进一　卒7进1

5.车二进六　炮8平9　　6.车二平三　炮9退1

7.马八进七　士4进5　　8.炮八平九　车1平2

9.车九平八　炮9平7　　10.车三平四　马7进8

11.马七进六　…………

至此,形成五九炮过河车对屏风马平炮兑车红进河口马变例。红方跃马盘河,不顾黑方卒7进1的威胁,属急攻型的走法。

11.…………　卒7进1　　12.车四进二　炮2退1

黑方退炮打车,稳健的走法。如改走炮7进5,则相三进一,炮7平8,马六进五,炮2平1,车八进九,马3退2,马五进六,马2进3,兵五进一,马8进7,炮五退一,炮1进4,兵五进一,炮1平5,炮五平二,车8平9,车四平三,红方优势。

13.车四退三(图85)…………

红方如改走车四退七,则炮2进6,马六进五,车8进2,马五退三,车8平4,车四进七,炮2退6,车四退一,象3进5,车四平二,马8进7,前马退五,马7退5,兵五进一,卒7进1,马三退二,炮2进5,黑方子力灵活且有卒过河,反夺主动。

如图85形势,黑方有两种走法:(一)卒

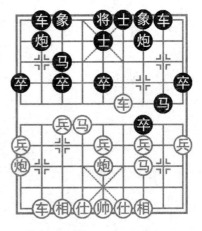

图85

7进1;(二)马8退7。分述如下:

第一种走法:卒7进1

13.………… 卒7进1　　14.马三退五　马8退7

15.车四退一　…………

红方退车河口,可使盘河马生根,稳健的走法。

15.………… 象3进5

黑方补象,巩固阵势。

16.车八进七　车2平3　　17.炮九进四　炮2平4

18.炮九退二　车8进4　　19.马六进七　车8平6

20.马五进七　炮4进1　　21.车四进一　马7进6

22.车八退二　…………

红方退车捉马,争先的有力之着。

22.………… 炮7进8

黑方挥炮轰相,争取对攻的走法。如改走马6退7,则马七进六,也是红占主动。

23.仕四进五　炮4进4

黑方进炮,企图用先弃后取的手段与红方对抗。

24.车八平四　炮4平3　　25.后马退九　炮3退3

26.兵七进一　…………

红方先退马避杀,再冲兵过河,走的十分灵活得当。

26.………… 炮3平1　　27.马九进七　车3平2

28.兵七进一

红方优势。

第二种走法:马8退7

13.………… 马8退7

黑方先退马捉车,不让红方右车轻易扼守河口,改进后的走法。

14.车四进一　卒7进1　　15.马三退五　炮2进7

黑方进炮封车,力争主动的积极走法。

16.车四进二　炮2退7　　17.车四退四　…………

红方如改走车八进八,则车2进1,车四平三,马7进8,黑不难走。

17.………… 炮2进7　　18.马五进七　…………

红方跳出窝心马,保持变化的走法。如仍进车捉炮,则双方不变作和。

18.………… 象7进5　　19.马六进七　…………

红方可考虑改走炮五退一,然后再伺机相七进五。

19.………… 卒7平6

黑方弃卒捉相,开始反击。

20.炮五平三 …………

红方平炮邀兑,无奈。如改走相三进一,则炮2平9,黑方攻势更甚。

20.………… 马7进8 　　21.车四平三 　炮7进6

22.车三退二 马8进6 　　23.后马进八 …………

红方如改走仕六进五,则车2进7,纠缠中也是黑占主动。

23.………… 炮2平9 　　24.炮九平八 　车2平1

25.兵七进一 炮9进1 　　26.车三进二 …………

红方进车捉马,不甘落后的走法。如改走车八进一,则车8进9,车八平三,马6进8,也是黑方占势。

26.………… 车8进9

黑方置过河马被捉于不顾,而硬沉底车攻相取势,欲借弃子取势手段争先。红方如接走相七进五,则卒6平5,车三平四,卒5进1,黑亦占势易走。

27.车三平四 炮9平7 　　28.帅五进一 …………

红方如改走仕四进五,则炮7平4,仕五退四,炮4平2,黑方得车胜势。

28.………… 车8退1 　　29.帅五进一 　卒6平5

30.帅五平四 炮7平4 　　31.马八进六 …………

红方如改走相七进九,则炮4退2,再车8退1,帅四退一,卒5进1,黑亦胜定。

31.………… 炮4平2 　　32.马六进七 　炮2平6

黑方得车胜势。

小结:红进河口马变例属急攻型的走法。此变例中红方跃马盘河,不顾黑方卒7进1的威胁,这种走法在近年来的大赛中已少有出现。

第八节　黑右炮过河变例

第86局　红五九炮对黑右炮过河

1.炮二平五 马8进7 　　2.马二进三 　车9平8

3.车一平二 马2进3 　　4.兵七进一 　卒7进1

5.车二进六 炮8平9 　　6.车二平三 　炮9退1

7.马八进七 士4进5 　　8.炮八平九 　车1平2

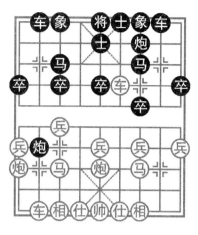

图86

9.车九平八　　炮9平7

10.车三平四　　炮2进4(图86)

黑方进炮避开俗套,寻求变化的走法。

如图86形势,红方有两种走法:(一)车四进二;(二)兵五进一。分述如下:

第一种走法:车四进二

11.车四进二　　炮7平8

12.兵五进一　　…………

红冲中兵,直攻中路。

12.…………　　炮8进5

黑方进炮封锁兵线,针锋相对。

13.炮五退一　　…………

红方退炮,改进后的走法。如改走仕六进五,则车8进2,车四退四,象7进5,车八进二,车2进4,马三进五,炮8平5,马七进五,车8进4,兵九进一,车8平7,炮九进一,车7进3,兵五进一,卒5进1,马五进六,马3退4,车四退一,车2平4,车八进一,车7退4,黑方多卒多象占优。

13.…………　　炮2进1

黑方如改走炮2平3,则炮五平二,车2进9,马七退八,车8平9,相七进五,红方先手。

14.兵九进一　　炮8进1　　15.相七进五　　车8进2

16.马七进五　　炮8退3　　17.车四退四　　象7进5

18.炮五平七

红方先手。

第二种走法:兵五进一

11.兵五进一　　象7进5　　12.马三进五　　…………

红方如改走车四退三,则炮2退2,车八进四,车8进6,兵五进一,卒7进1,车四进五,炮7退1,车四平三,马7进8,车三退四,卒5进1,马七进五,马8退6,车三进二,马6进5,黑方反先。

12.…………　　马7进8　　13.车四进二　　…………

红方进车捉炮,不落俗套的走法。

以往曾走兵五进一,卒7进1(如卒5进1,则炮五进三,红方先手),车四平三,炮7退1,兵五进一,马8进6,马五进四,车8进4,兵五进一,象3进5,马七进五,炮2平7,车八进九,马3退2,炮五进五,士5进4,车三退二,马6进4,车三退

164

一,红方多子胜势。

　　13.…………　　炮7进1　　14.兵五进一　　卒5进1

　　15.炮五进三　　马8进7　　16.马五进六　　炮2平9

黑方炮取边兵兑车,简明的走法。

　　17.车八进九　　马3退2　　18.车四退二　　车8进5

　　19.炮五退二　　车8平5　　20.车四平三　　炮7平6

　　21.炮五退二　　卒9进1　　22.炮九进四　　马2进1

　　23.车三平五　　…………

红方平车邀兑,白失一兵,导致残局困难。应改走相七进五,车5平8,车三平四,可形成对峙局面。

　　23.…………　　车5平3

黑方多卒易走。

　　小结:黑右炮过河变例是20世纪80年代出现的走法,现已比较少见。

实战对局选例(20局)

第1局
河北申鹏(先胜)沈阳尚威

(2008年12月于宁波)
"北仑杯"全国象棋大师冠军赛

1.炮二平五　马8进7　　2.马二进三　车9平8

3.车一平二　卒7进1　　4.车二进六　马2进3

5.兵七进一　炮8平9　　6.车二平三　炮9退1

7.马八进七　士4进5　　8.马七进六　…………

形成中炮过河车七路马对屏风马平炮兑车的阵势。红方跃马河口,是一种较为稳健的走法。

8.…………　炮9平7　　9.车三平四　车8进5

10.炮八进二　象3进5　　11.仕四进五　…………

红方补仕,新的尝试。以往多走炮五平六,卒3进1,兵三进一,车8退1,兵七进一,象5进3,炮八平七,马3进4,炮六进三,卒7进1,炮六进三,炮7平4,炮七平三,车8平7,相七进五,双方平稳。

11.…………　卒7进1

黑方兑7卒,展开反击。如改走炮2进1,车四退四,车8退3,炮五平七,马7进8,车四进二,马8进7,相七进五,双方互缠。

12.马六进七　车8进1　　13.炮八平三　车8平7

黑方如改走炮7进4,则兵三进一,车8平7,车九平八,车1平2,炮五平七,红方优势。

14.炮三进四　马7进8　　15.车四退一　车7退5

16.车四平二　车7进6　　17.车九平八　车1平2

18.马七进九　车2进1(图1)　　19.兵七进一　…………

如图1形势,红方上一回合先进马捉车,然后再冲兵渡河欺马,一个漂亮的战术组合,迅速扩大了先手。

19.…………　马3退2　　20.车八进六　…………

166

红方进车卒林压制住黑方右翼车马炮三个子,黑方将面临严厉的打击。

20.………… 马2进4

黑方如改走炮2平3,则兵七平八,黑也难应。

21.兵七进一　炮2平3

22.相七进九　车2进2

23.兵七平八　车7进2

24.仕五退四　车7退3

25.车二平六　车7平5

26.相九退七　…………

红方如改走相九进七,则炮3平4,马九退七,也是红方优势。

26.………… 炮3平4

27.车六进一　卒5进1

黑方冲中卒,失策。不如改走车5平3,红如接走兵八平七,则黑方有马4进2的手段,要比实战走法顽强。

28.马九进七　车5平3　29.兵八平七　车3进3

30.炮五平九　卒5进1　31.炮九进四　卒9进1

32.炮九进二　将5平4　33.炮九进一　车3退4

黑方退车,准备兑车解围。如改走将4平5,则炮九平七,黑方也难应付。

34.兵七进一　…………

红方献兵捉炮,可谓一击中的!黑如接走车3退3吃兵,则车六平八,将4平5,车八进三,士5退4,车八退二,红方得车胜定。

34.………… 将4平5　35.兵七平六　士5进4

黑方以士吃兵,无奈之着。如改走车3退4,则兵六进一,红方速胜。

36.马七退八　车3平2　37.车六平七　将5进1

38.炮九退一　马4进2　39.车七进二　将5退1

40.马八进六　将5平4　41.车七平八

黑方少子失势不敌,遂停钟认负。

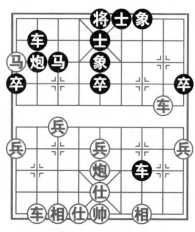

黑方 尚 威

红方 申 鹏

图1

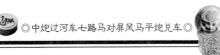
第2局

黑龙江陶汉明(先负)北京蒋川

(2010年8月22日于常州)
第5届"后肖杯"象棋大师精英赛

1.炮二平五　马8进7　　2.马二进三　车9平8

3.车一平二　卒7进1　　4.车二进六　马2进3

5.兵七进一　炮8平9　　6.车二平三　炮9退1

7.马八进七　士4进5　　8.马七进六　炮9平7

9.车三平四　车8进5　　10.炮八进二　车8进3

11.马三退五　…………

红方如改走炮八平九,车1平2,炮五平八,炮2平1,炮九进三,象3进1,炮八平六,象7进5,黑方可以对抗。

11.…………　象3进5　　12.炮五平六　炮2进1

13.车四退三　…………

红方可考虑改走车四退二,车路较为通畅。

13.…………　马7进8　　14.马六进四　车1平4

15.车九进二　车4进4　　16.马四退六　…………

红方退马打车,不妥。应改走兵五进一,黑如接走卒7进1,则马四进二,炮2退2,兵三进一,车8平6,炮六平三,红不难走。

16.…………　车4平5　　17.相三进五　…………

红方仍应改走马六进四,伏兵五进一捉车手段。

17.…………　炮7进5　　18.炮八退三　车8退2

19.马六进七　车5平4　　20.马五进三　卒7进1

黑方7卒乘机渡河,局势渐趋有利了。

21.兵五进一　卒7平6　　22.车四平五　卒6平5

23.车五进一　炮7退3　　24.马七退六　车4平5

25.车五平三　车8平7　　26.车三退一　马8进7

27.炮八平五　车5平2　　28.车九平七　…………

红方平车,随手。应改走兵九进一,较为顽强。

28.…………　炮2平3　　29.马六进七　炮7平3

30.车七平九(图2)　车2进4

168

如图2形势，黑方抓住红方窝心炮的弱点，乘机进车下二路，伏车2平4及马7进9等攻击手段，顿令红方防不胜防了。

31.兵七进一　…………

红方如改走炮五平一，则马7进9，马三退二，车2平8，炮六平一，车8平9，黑可得子。

31.…………　象5进3

32.炮六平七　马7进9

黑方进马袭槽，紧凑有力之着，加速了胜利步伐。

33.马三退二　炮3进4

34.马二进四　车2平3

35.车九平八　将5平4

36.相七进九　车3平4

红方认负。

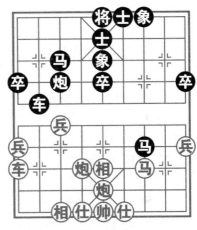

黑方　蒋　川

红方　陶汉明

图2

第3局

黑龙江赵国荣(先胜)北京蒋川

(2012年11月9日于合肥)
"合力杯"全国象棋冠军邀请赛

1.炮二平五　马8进7	2.马二进三　车9平8
3.车一平二　马2进3	4.兵七进一　卒7进1
5.车二进六　炮8平9	6.车二平三　炮9退1
7.马八进七　士4进5	8.马七进六　炮9平7
9.车三平四　马7进8	

黑方跃马形成冲兵逐车的威胁，是对攻性较强的老式应着，是特级大师蒋川喜用的走法。

10.马六进五　…………

红方马踏中卒，着法简明。如改走车四退三，则象7进5，车九进一，炮2平1，马六进七，车1平2，炮八平七，车2进3，兵五进一，卒7进1，马三退一，卒7平6，车四平五，炮7进2，马七退六，马3进2，兵七进一，马2进1，炮七平九，车2平4，黑方优势。

10.········· 炮2进1   11.车四进二   马3进5

12.车四平三   马8退9

黑方退马,攻车。如改走象3进5,则车三平四,炮2退2,车四退五,马5进4,兵五进一,炮2平4,炮五平四,卒3进1,相七进五,卒3进1,车九平七,卒3平2,车四进三,红方易走。

13.车三平一   炮2退2

黑方退炮攻车,逼红方一车换双。如改走车8进3,则炮五进四,炮2平5,炮八平五,炮5进4,相七进五,车8进3,马三退五,车8平9,车九平八,车9平7,马五进七,象3进5,车八进六,车1平3,车八平九,和势。

14.炮五进四   象3进5   15.车一退一   象7进9

16.炮八平九   车1平2

黑方车1平2,正着。如改走车8进6,则车九平八,炮2平4,兵五进一,车8平7,马三进五,卒7进1,兵五进一,卒7平6,相七进五,红方易走。

17.车九平八   炮2进7   18.相七进五   车8进3

黑方可考虑改走车8进5,红如接走兵三进一,则车8退1,兵三进一,车8平7,兵五进一,车7平2,马三进五,双方均势。

19.炮五进四   车8进4   20.马三退五   车8进1

21.兵五进一   车8平6   22.马五进七   车6平4

23.马七进五   车4退4   24.仕六进五   车2进4

25.炮五退一   车2进2   26.炮九平一   车4退1

27.炮一退二   车4进3   28.炮一平四   炮2平4

29.车八平七   车4退6

黑方应改走车4退3为宜。

30.炮五进一   ·········

红方中炮挺进一步,中兵要过河形成堡垒,红势渐盛。

30.·········   车4平2   31.仕五退六   后车进4

32.炮四平二   ·········

红方炮四平二好棋,随时有炮二进一伏击手段。

32.·········   前车进3   33.车七进一   前车退1

34.车七平八   车2进4(图3)   35.兵五进一   ·········

如图3形势,红方中兵渡河,子力态势极佳,兵多将广。黑方有势单力薄的感觉,红方取得大优局面。

35.·········   炮4退6   36.炮二进二   象9退7

37.马五进六   车2平4   38.仕六进五   车4退2

39.炮二平三　…………

红方平炮,攻守兼备。如急于走马六进五,则将5平4,红方局面失控。

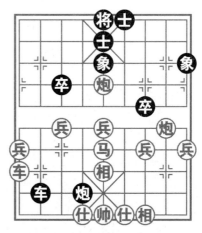

黑方　蒋　川

红方　赵国荣

图3

39.…………　车4平6

40.兵九进一　车6退3

41.炮三进二　车6平7

42.炮三平四　车7平6

43.炮四平二　车6平8

44.炮二平四　车8平6

45.炮四平二　将5平4

46.兵九进一　车6进3

47.兵九进一　车6平7

48.兵九平八　车7平2

49.仕五退六　卒3进1

50.兵八平七　卒3进1

黑方如改走炮4平1,则后兵进一,红方多兵胜势。

51.马六进七　将4平5　　52.兵七平六　炮4进7

黑炮打仕,无奈之着。如改走炮4退2,则兵六进一,下步再兵六进一,黑方难以抵挡。

53.帅五平六　车2平4　　54.帅六平五　车4退3

55.马七退六　卒3平4　　56.炮二退二　车4退1

57.仕四进五　…………

红方多子,胜券在握。

57.…………　车4平2　　58.炮五平六　卒4平5

59.炮二平五　卒5平6　　60.马六进八　卒6进1

61.相三进一　卒6平7　　62.兵一进一　前卒进1

63.兵一进一　前卒进1　　64.帅五平四

红胜。

第4局

福建王晓华(先负)广东许银川

(2000年11月10日于安徽蚌埠)
全国象棋个人赛

1.炮二平五　马8进7　　2.马二进三　车9平8

3.车一平二　马2进3　　4.兵七进一　卒7进1

5.车二进六　炮8平9　　6.车二平三　炮9退1

7.马八进七　车1进1

双方以中炮过河车七路马对屏风马平炮兑车高右横车的变例布阵。黑方高横车,迅速开动右翼主力,是积极争取反击的一种应法,多为攻杀型棋手采用。

8.炮八平九　车1平6　　9.马七进六　…………

红方跃马盘河,威胁黑方中路,也可改走车三退一,先使右车脱离险地。

9.…………　士6进5

黑方补士,稳健的走法。如改走炮9平7,则马六进五,马7进5,车九平八,士6进5,车八进七,马5进6,车三平七,车8进8,黑可弃子抢攻,形成复杂的对攻局面。

10.车九平八　…………

红方出车捉炮,准备一车换双,力争主动的走法。

10.…………　炮9平7　　11.车八进七　…………

红方如改走马六进五,则马3进5,炮五进四,象3进5,车三进一,炮2平7,炮九进四,将5平6,炮五平四,车6进2,炮九平四,车8进7,车八进二,前炮进4,相三进一,车8平9,车八平五,卒7进1,黑方易走。

11.…………　炮7进2　　12.车八平七　车8进8

黑方8路车压住红方"相眼",力争主动的走法。如改走炮7进3,则相三进一,车6进4,马六进七,象7进5,马七进五,象3进5,炮五平八,车8进8,仕四进五,车6退1,炮八进七,象5退3,炮九平七,炮7平1,车七平三,炮1平3,相七进五,车6平2,炮八平九,车2进3,炮七平六,车2退7,炮九退一,车2进1,炮九进一,对攻中红方多相稍好。

13.炮五平七　车6进1

黑方进车邀兑,试探红方应手。如改走车6进4,则车七平三,炮7进3,相三进五,车6平4,车三退二,炮7平1,车三进四,士5退6,仕四进五,炮1平2,炮七平六,车8退5,车三退二,红方多相稍优。

14.车七进二　炮7进3　　15.相三进五　……………

红方如改走相七进五,则将5平6(如车6进6,仕四进五,车8平7,相三进一,下伏退炮打死车手段),仕四进五,车8平7,炮九退一,炮7平8,黑方抢攻在先。

15.………………　车8平7　16.仕六进五　…………

红方如误走仕四进五,则车6进6,炮九退一,车7进1,马三退四(如仕五退四,车7平6,马三退四,炮7进3,黑胜),车7平8,黑胜;红方又如改走车七退三,则炮7平8,仕六进五,车6平2,兵七进一,炮8退3,车七进二,车2进5,马三进二,卒7进1,马二退一,车7平9,兵七平八,象7进5,车七退一,士5进4,车七平六,士4进5,车六平五,马7进6,也是黑方抢攻在先。

16.………………　炮7平8　17.炮九进四　…………

红方炮打边卒,嫌急。应改走车七退三(如相五退三,车7进1,马三退一,炮8进2,炮七退一,车7退4,炮七平二,车7平4,黑方优势),车6进6(如车6平2,马六退四,车7平6,马四进三,炮8退3,车七进一,车2平3,炮七进五,双方各有顾忌),帅五平六,炮8进3,帅六进一,车6进1,炮九进四,对攻中红方易走。

17.………………　车6平1　18.炮七平九　炮8进3

19.相五退三　车7退1　20.相七进五　车7退1

21.马六进七　…………

红方如改走前炮平五,则马7进5,炮九进五,马5进4,也是黑方多子占优。

21.………………　车1平2

22.前炮进三　车2进7

23.仕五退六　士5进4

黑方扬士解"抽"使红方难以作攻,黑方稳持多子之利。

24.车七退一　士4进5

25.马七进八(图4)　将5平6

如图4形势,黑方出将,已是成竹在胸。红如接走前炮平八打车,则车7平6,也是黑方抢攻在先。

26.车七平六　车7平6

27.马八进六　车2退9

28.仕六进五　炮8退8

红方少子失势不敌,遂停钟认负。

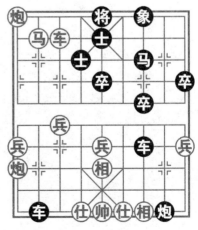

黑方　许银川

红方　王晓华

图4

173

第5局

北京张申宏(先负)广东许银川

(2004年11月12日于重庆)
全国象棋个人赛

1.炮二平五　马8进7　　2.马二进三　车9平8

3.车一平二　马2进3　　4.兵七进一　卒7进1

5.车二进六　炮8平9　　6.车二平三　炮9退1

7.马八进七　车1进1　　8.炮八平九　车1平6

9.车三退一　…………

红方退车吃卒,准备左移摆脱险地。

9.…………　炮2平1　　10.车三平八　车8进6

11.车八进二　…………

　　红方进车捉马,似不如改走兵三进一,黑如接走车8平7,则炮五退一,车6进7,兵七进一,炮9平7,相三进一,马7进6,兵七进一,马6进8,炮五平八,马8进7,仕四进五,车6退6,炮八进二,车7进5,马七进五,炮1进4,马五退三,炮1进3,炮九平五,象7进5,马三进五,马3退1,炮五进四,士6进5,车八平二,炮7平6,马五进七,红方大占优势。

11.…………　炮9进1　　12.炮五平六　…………

红方卸中炮准备联相保马,力求稳健的走法。

12.…………　车8平7　　13.相七进五　卒5进1

黑方冲中卒,准备硬盘中马反击,适时有力之着。

14.仕六进五　卒5进1　　15.兵五进一　…………

　　红方如改走车九平八,则马7进5,前车退一,卒5进1,后车进三,卒5平4,马七进六,马5进4,炮六进二,车6进4,炮六进四,马3进5,炮六平九,卒4平3,后车进二,马5进4,后车平六,马4进6,后炮退一,士6进5,前炮进一,象7进5,马三进五,车6平5,车六进三,炮1平2,车八平七,炮9退1,车六退二,卒5进1,黑方胜势。

15.…………　马3进5　　16.车八进二　…………

　　红方进车捉象,争取对攻的走法。如改走车八退二,则马5进7,兵五进一,前马进6,黑方占势易走。

16.…………马5进7　　17.车八平七　前马进6

18.兵五进一　马6进7

黑马卧槽,取势为上。如改走马6退5,则车九平八,士6进5,炮六进六,演成对攻之势。

19.帅五平六　　炮1平4

20.兵五平六　　车7平4

21.兵七进一　　卒3进1

22.车七退四(图5)　后马进5

如图5形势,黑方进马捉车,可以乘机消灭红方过河兵,拓展攻势,紧凑有力之着。

23.车七进一　　…………

红方不能走车七平八,否则马5退3,红方更难应付。

23.…………　　车4退2

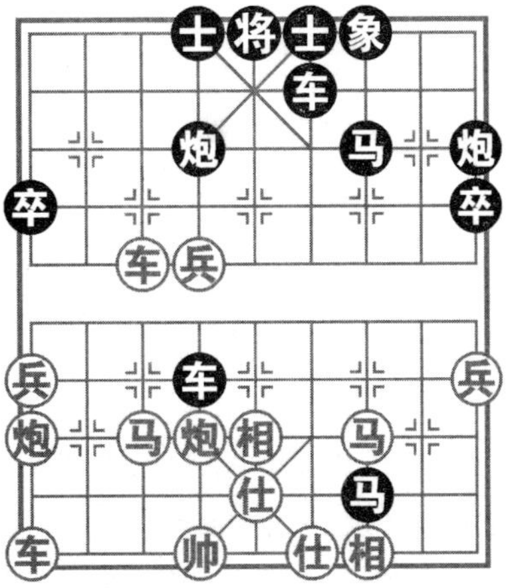

黑方弃马吃兵,是上一回合进马捉车的续进之着。

24.车七平五　　士4进5　　25.炮六退一　　炮4进6

黑方进炮打炮,简明的走法。如改走炮4退2,则车五进一,车6进5,车五平二,炮4进8,马七进五,炮4退3,炮九退一,红方尚可应付。

26.马七进八　　车4退4　　27.炮九平六　　炮9平4

黑方联炮,紧凑有力之着。如改走车4进7,仕五进六,车6进8,帅六进一,车6平1,局面趋向缓和。

28.马三进五　　…………

红方应改走车九平七(如马八进九,车6进5,马九进八,后炮进3,黑方优势),快速抢出左车为宜。

28.…………　　车6进4　　29.相五进七　　…………

红方如改走马八进六,则前炮退4,马五进六,炮4进5,黑方得子胜定。

29.…………　　后炮进4　　30.车九平七　　车4平3

31.马五进六　　…………

红方应改走马八进七,黑如接走前炮平1,则炮六平四(如马五退六,炮1进1,车七平九,车6平3,黑方胜势),炮4退4,马五退四,炮1平6,车五平三,马7退8,较为顽强。

31.…………　　前炮平3　　32.炮六平三　　车6平4

33.马六进四　　炮4平7

黑炮平7叫将,逼迫红方垫炮后,可以乘机进炮轰相兼防红马袭槽,是迅速

图中：

黑方　许银川

红方　张申宏

图5

扩大优势的巧妙之着。

34.炮三平六　炮7进3　　35.帅六进一　车3进5

黑车再破一相,其势愈盛了。

36.马八退九　炮3退1　　37.车七进一　车3退3

38.车五退三　车3进1　　39.车五平八　象7进5

40.车八进六　象5退3　　41.兵九进一　车3平6

42.车七进一　………

红方如改走车八平七,则士5退4,后车进一,马7退5,黑方速胜。

42.………　马7进5　　43.车八退五　车4退5

黑方退车,不如改走士5退4,红如接走车八平六,则炮7退1,仕五进四,马5进6,帅六退一,炮7进1,黑方速胜。

44.车八平三　炮7退1　　45.仕五进四　马5进6

46.帅六平五　炮7平9　　47.车三退四　车6进4

48.马九进七　车4进6　　49.车三平四　车6进2

50.马七进八　象3进5　　51.马八进九　车6退6

52.炮六平五　车6平5

红方少子失势不敌,遂停钟认负。

第6局
中国蒋川(先和)中国王斌
(2011年5月24日于江苏淮安)
第三届"淮阴·韩信杯"象棋国际名人赛

1.炮二平五　马8进7　　2.马二进三　马2进3

3.车一平二　车9平8　　4.兵七进一　卒7进1

5.车二进六　炮8平9　　6.车二平三　炮9退1

7.马八进七　车1进1　　8.炮八平九　车1平6

9.车三退一　炮2平1　　10.车三平八　车8进6

11.车八进二　炮9进1　　12.兵三进一　车8平7

13.马七进八　车7退1　　14.炮五平七　………

红方炮五平七,改进后的走法。以往曾走炮五平六,炮1进4,车九平八,马7退5,前车进一,炮1平9,相七进五,车7进1,马八进七,车6进7,后车进一,车6平2,车八退七,前炮平5,马三进五,车7平5,黑方足可对抗。

14.………　炮1进4　　15.车九平八　炮1平3

16.相七进五　　车7退1　　　17.炮九退一　　车6进7

黑方也可考虑改走马7进6,红如接走车八退一(如车八平七,象3进5),则马6进4,较为积极。

18.仕六进五　　车6退4　　　19.马八退九　　…………

红方一着回马金枪,赶走黑炮准备对黑方3路线发起攻击,局势渐趋有利了。

19.…………　　马7退5　　　20.前车进一　　炮9退1

21.前车退一　　炮9进1　　　22.前车进一　　炮9退1

23.前车退一　　炮9进1　　　24.前车进一　　炮9退1

25.前车退一　　炮9进1　　　26.前车进一　　炮9退1

27.前车退一　　炮3平9　　　28.马三进一　　炮9进5

29.兵七进一　　车6平3　　　30.后车进二　　车7进2

31.炮九平七　　车3平4　　　32.前炮进五　　…………

红方谋得一子,占得物质优势。

32.…………　　炮9平5　　　33.后车进一　　马5进6

34.前车退三　　…………

红方可以考虑改走马九退八,先防一手较为稳健,或走前炮进一,加快攻击速度。

34.…………　　车4进4(图6)　　35.后炮退一　　…………

如图6形势,红方退炮,偏于防守,可改走前车平四捉马,黑如接走马6进8,则车四进一,马8退7,车四退一,红方稳占优势。

35.…………　　卒5进1

36.前车四平　　马6进5

37.马九进八　　象7进5

38.车八平六　　车4退2

39.马八退六　　士6进5

40.前炮进一　　车7退2

41.车四退一　　车7进2

42.前炮平六　　…………

红方应改走车四进一,黑如接走车7退2,再前炮平六,象3进1,炮六平九,较易进取。

黑方　王　斌

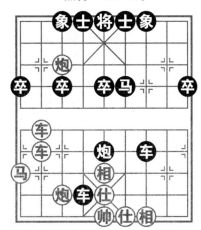

红方　蒋　川

图6

177

42.………… 象3进1 43.车四进一 炮5进2

黑方不再退车保卒,而挥炮硬打中仕,巧妙! 实出红方所料。

44.马六进五 …………

红方如改走马六退五,则车7平4,黑方也可得回一子。

44.………… 马5进4 45.帅五进一 马4进3

46.炮六退八 …………

红方如改走相五退七,则车7平5,再车5退2,速成和棋。

46.………… 马3退2 47.炮六进二 马2进3

48.炮六退二 马3退2 49.车四平六 卒3进1

50.帅五退一 象1退3 51.仕四进五 车7退2

52.马五退四 车7进2 53.马四进五 车7退2

54.马五退四 车7进2 55.马四进五 车7退2

56.马五进四 车7进2 57.马四进五 卒1进1

58.车六平二 车7退2 59.马五退四 车7进2

60.马四进五 车7退2 61.马五退四 车7平6

62.马四退六 卒1进1 63.炮六平八 车6平4

64.车二进五 士5退6 65.车二退三 马2退4

66.车二平一 卒3进1

黑方乘势渡河两个小卒,红方更难有所作为了。

67.车一平七 车4平3 68.车七平六 卒3进1

69.炮八平七 车3平6 70.马六退八 马4进3

71.帅五平六 …………

红方如改走车六退五,卒3平2,车六平七,卒2进1,和棋。

71.………… 卒3平4 72.炮七平八 车6平3

73.车六退二 马3退5 74.相三进五 车3进4

75.车六退一 车3平2

双方两难进取,握手言和。

第7局

北京蒋川(先胜)北京张强

(2005年5月7日于上海)

“城大建材杯”全国象棋大师冠军赛

1.炮二平五 马8进7 2.马二进三 车9平8

3.车一平二　马2进3　　4.兵七进一　卒7进1

5.车二进六　炮8平9　　6.车二平三　炮9退1

7.马八进七　士4进5　　8.炮八平九　车1平2

9.车九平八　炮9平7　　10.车三平四　马7进8

11.炮五进四　…………

形成五九炮过河与对屏风马平炮兑车的阵势。红方炮打中卒，是谋取实利的走法。

11.…………　马3进5　　12.车四平五　炮7进5

黑方进炮打兵，是一种比较稳健的应法。

13.马三退五　卒7进1

黑方冲渡7卒，是近期开始兴起的走法。以往多走炮2进5或炮2进6，先封住红方左车，再图反击。

14.车八进四　…………

红方高车巡河，既可防止黑方进炮封车，又为炮九平八拴链黑方无根车炮埋下伏笔。

14.…………　马8进6　　15.车五退二　车8进8

16.炮九退一　车8退1　　17.相三进五　炮7平8

黑方平炮既可进行攻击红方底线，又可退炮牵制红车，是保持对攻之势的有力之着。如误走马6进5，则相七进五，车8平5，车五平三，红方多子占优。

18.马五退三　车8平7　　19.炮九平八　…………

以上几个回合，红方补相后乘机将窝心马调至右翼底线加强了防守，并争得了平炮拴链黑方无根车炮的先机，形势渐趋有利。

19.…………　炮8退1　　20.炮八进六　象3进5

黑方补象，力求稳健的走法。

21.马七进六　…………

红方跃马河口，不怕黑方谋车手段，正确的选择。如改走车五进一，则马6进4，黑方大占优势。

21.…………　马6进5　　22.相七进五　炮8平5

23.兵五进一　卒7平6　　24.兵五进一　车2平4

黑方如改走卒6平5，则马六进七，车7平5，仕四进五，红亦多子占优。

25.兵七进一　…………

红方弃兵，延缓黑方右车出击速度，机警之着。

25.…………　卒3进1　　26.炮八进二　车4进2

27.兵五进一　士5进6

黑方　张　强

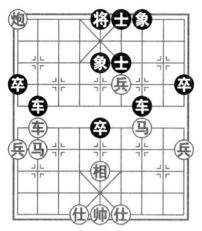

红方　蒋　川

图7

黑方如改走卒6平5,则马六进七,车7平5,仕四进五,也是红方抢攻在先。

28.炮八平九　　卒3进1
29.车八平七　　车4进2
30.车七平八　　车7退3
31.马三进四　　车7平5
32.兵五平四　　卒6平5
33.马四进三　　车5平7
34.马六退八　　车4平2(图7)
35.车八平九　　…………

如图7形势,红方舍马硬吃黑方中卒,已算准己方车马炮兵破获黑士后可以抢攻在先,紧凑有力的走法。

35.…………　　车2进2

36.兵四进一　　车2平6　　37.兵四平五　　象7进5
38.车五进三　　士6进5　　39.马三进五　　…………
红方进马捉车,演成车马炮三子攻城之势,已是胜利在望了。

39.…………　　车6退2　　40.马五进六　　将5平6
41.马六进七　　将6进1　　42.车五进一　　将6进1
43.仕六进五　　车6平5　　44.车五平一　　车5进3
45.炮九退二
红方退炮,演成绝杀之势。

第8局
重庆洪智(先胜)广东吕钦

(2007年1月6日于广州)
第27届"五羊杯"象棋冠军邀请赛

1.炮二平五　　马8进7　　2.马二进三　　车9平8
3.车一平二　　马2进3　　4.兵七进一　　卒7进1
5.车二进六　　炮8平9　　6.车二平三　　炮9退1
7.马八进七　　士4进5　　8.炮八平九　　车1平2
9.车九平八　　炮9平7　　10.车三平四　　马7进8
11.炮五进四　　马3进5　　12.车四平五　　炮7进5

13.马三退五　卒7进1　　14.车八进四　马8进6

15.车五退二　车8进8　　16.炮九退一　车8退1

17.相三进五　炮7平8　　18.马五退三　车8平7

19.炮九平八　炮8退1　　20.炮八进六　象3进5

21.马七进六　马6退7

黑方马6退7,新的尝试。

22.车五进二　炮8平4　　23.兵七进一　马7进8

24.车五平六　炮4平6　　25.兵七进一　…………

以上一段,黑方虽得回一子,但被红方七路兵乘机过河助战,局面仍是红占主动。

25.…………　　炮6退3　　26.炮八退一　马8进9

27.仕六进五　卒7进1

黑方应改走卒7平6弃卒,及时畅通车路为宜。

28.帅五平六　士5进4

黑方扬士,无奈之着。如改走炮6进6捉马,则炮八退一,车7进2,炮八平五,车2平1,车八平六,红方速胜。

29.兵七进一　士6进5　　30.车八平三　卒9进1

31.马三进四　车7进1　　32.马四进五　卒7平6

33.车三平二　卒9进1　　34.车二平四　车2平3

黑方平车捉兵,不如改走卒6平5吃掉中兵顽强。

35.车六平七　车7退4　　36.车四退一　车7平4

37.帅六平五　卒9进1　　38.兵七进一　车3平2

39.车七平三　象7进9　　40.兵七平六　…………

红兵过河迫近九宫后,其势愈盛了。

40.…………　　马9进7　　41.车四退二　马7退8

42.马五进六　炮6进3　　43.车三平一　象9退7

44.炮八进一　炮6退5

黑方退炮,加强防守,否则红方有炮八平五,象7进5,车一进三,炮6退5,车一平四,士5退6,马六进四偷杀手段。

45.车一平三　象5进7　　46.兵五进一　车2进1

47.兵六平五　士4退5(图8)　　48.马六进五　…………

如图8形势,红方舍马踏士,毁去黑方九宫屏障,是迅速入局的有力之着。

48.…………　　象7进5

黑方如改走车2平5吃马,则车三进三,红也抢攻在先。

黑方 吕 钦

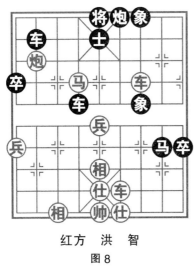

红方 洪 智

图8

49.马五退三　车2平7
50.炮八退一　炮6进5
51.炮八退三　车4平6
52.炮八平三　…………

红方炮八平三后使马生根,下伏车三平二捉马的手段,紧凑有力之着。

52.…………　象7退9
53.兵五进一　车6退2
54.兵五进一　马8退9
55.兵五进一　…………

红方兵拱中象,加快了胜利步伐。

55.…………　车6平5
56.车三平四　车7进1
57.后车进三　车7退2

58.前车平九　马9进8

黑方如改走车7进6吃炮,则车九进三,将5进1,车四进五,车5平4,车九平五,将5平4,车四退一,红胜。

59.车四平六　车7进6　　60.帅五平六

黑如接走将5平6,则车九平四,将6平5,车四进二,绝杀,红胜。

第9局
湖北洪智(先胜)浙江赵鑫鑫
(2010年2月26日于广东惠来)
"惠来大庚园杯"全国象棋冠军邀请赛

1.炮二平五　马8进7　　2.马二进三　车9平8
3.车一平二　马2进3　　4.兵七进一　卒7进1
5.车二进六　炮8平9　　6.车二平三　炮9退1
7.马八进七　士4进5　　8.炮八平九　车1平2
9.车九平八　炮9平7　　10.车三平四　马7进8
11.炮五进四　马3进5　　12.车四平五　炮7进5
13.马三退五　卒7进1

这是本次比赛争夺冠亚军加赛10分钟快棋之战,双方形成五九炮过河车对屏风马平炮兑车红炮击中卒变例,黑方此时另有炮2进5、炮2进6走法,实战走法是近些年非常流行的变化。

14.车八进四 …………

红方左车巡河，着法稳正。以往红方曾走马七进六、马8进6，车五退二，车8进8，马七进六，马8进6，车五退二，车8进8，车八进五，车8平6，马五进七，炮7平8，仕六进五，炮2平7，车八平三，车6平7，相七进五，炮8平7，车三平四，象3进5，马六进五，车2进7，炮九退一，马6进5，相三进五，车7平6，车五平三，车6退4，车三退一，车6平5，马五进三，车2平3，黑方胜势。

14.…………	马8进6	15.车五退二	车8进8
16.炮九退一	车8退1	17.相三进五	炮7平8
18.马五退三	车8平7	19.炮九平八	炮8退1
20.炮八进六	马6进5		

黑方马踩中相，弃子争先，次序准确。如改走象3进5，则马七进六，马6退7，车五进二，炮8平4，兵七进一，马7进8，车五平六，炮4平6，兵七进一，炮6退3，炮八退一，马8进9，仕六进五，卒7进1，帅五平六，士5进4，兵七进一，士6进5，车八平三，卒9进1，马三进四，卒7进1，马四进五，红方优势。

21.相七进五 炮8平5 22.兵五进一 车7平5

23.仕四进五 …………

红方补右仕，正着。如改走仕六进五，则车5平3，炮八平五，将5平4，车八进五，车3进2，仕五退六，车3平4，帅五进一，象7进5，简化后红方虽仍多子，但仕相残缺，无进取能力。

23.…………	象3进5
24.马七进六	车5退2
25.马六进七	卒7平6
26.马三进四	车5进1(图9)

如图9形势，形成这路变化的经典局面。红方一车换三子缺双相，黑则凭借双车卒与之周旋。双方互存顾忌，都可以接受。红方以下主要有兵七进一，车八进二和车八进一等三种走法。

27.车八进一	卒6进1
28.马四退六	车5退1
29.兵七进一	车5平3
30.马六进八	车3进2

黑方可考虑改走车3退1，车八平七，

黑方 赵鑫鑫

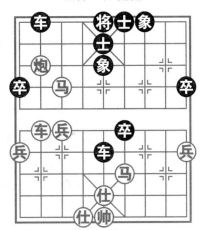

红方 洪 智

图9

象5进3,炮八进一,双方均可纠缠。

31.马八进九　…………

红方边线切入,不给黑方兑车的机会。

31.…………　卒1进1　　32.马七退九　卒6平5

33.车八退五　卒5进1　　34.前马进七　车3进1

35.仕五退四　车3平1　　36.炮八进一　车1退2

37.马七进九　车2平1　　38.前马进七　将5平4

39.马九进八　…………

红马扑入黑方阵营,双马调整好位置,已经形成攻势。

39.…………　后车平2

黑方如改走象5进3,则炮八平九,后车平2,仕六进五,车1平4,车八平七,象7进5,炮九退八,红方优势。

40.马八退六　…………

红方此时忽略了自己有车八进三兑车妙手!黑方不敢主动兑车,只有车2平1,则兵七进一,红方稳操胜券。

40.…………　车2平3　　41.马七退六　车3进4

42.前马退八　车1平4

黑方顽强的走法是车1退2,马八进七,将4平5,炮八平九,车3平4,马七退六,车1平4,车八平九,士5退4,炮九进一,车4平1,炮九平六,车1进2,兵一进一,车1退1,黑方还有一线和棋机会。

43.马八进七　将4进1

黑方上将无奈,如改走将4平5,则炮八平六打车叫杀,黑方也难抗衡。

44.炮八平九　车4平1　　45.车八进八　将4进1

46.马六进四

红胜。

第10局

上海孙勇征(先胜)江苏徐天红

(2012年6月15日于江苏句容)
第四届"句容·茅山杯"全国象棋冠军邀请赛

1.炮二平五　马8进7　　2.马二进三　车9平8

3.车一平二　马2进3　　4.兵七进一　卒7进1

5.车二进六　炮8平9　　6.车二平三　炮9退1

7.马八进七　士4进5　　8.炮八平九　车1平2

9.车九平八　炮9平7　　10.车三平四　马7进8

11.车四平三　马8退7　　12.车三平四　马7进8

13.车四平三　马8退7　　14.车三平四　马7进8

15.炮五进四　马3进5　　16.车四平五　炮7进5

17.马三退五　卒7进1　　18.车八进五　…………

此时也出现过车八进六、马七进六、车八进四等走法,尤其以车八进四变化最为复杂,其中演绎了许多经典名局。

18.…………　马8进6　　19.车五退二　车8进8

黑方左车点下二路,是黑方重要反击手段。如改走车8进2,则相七进五,炮7平6,马七进六,象3进1,马五进七,车2平3,炮九进四,卒3进1,兵七进一,车3进4,车八平七,象1进3,马六进五,马6退5,车五进二,红方先手。

20.炮九退一　车8退1　　21.相三进五　…………

红方如急于谋子走炮九平八,则车8平6,马七进六(如炮八进六,象3进5,黑方下步有车6进1的凶着,红方的窝心马弱点不好解决),炮7平8,炮八进六,象3进5,车八平二,炮8退1,炮八平九,车6进1,马五进七,马6进7,仕四进五,炮8平5,黑方得车胜定。

21.…………　马6进5

"一马换双象,其势必英雄",黑方弃子抢攻,势在必行。

22.相七进五　车8平5

23.车五平三　炮2平8

24.车八平二　炮8平5

25.车二平五　…………

红方如改走车三退一,则车5平3,车二平五,车3平5,炮九进五,车2进6,兵七进一,卒3进1,炮九平五,车2平4,车五平七,将5平4,车七进四,将4进1,车七退九,车5退1,车三平五,车4平5,炮五平三,车5平7,马五进六,车7平4,黑方优势。

25.…………　炮7平8

26.马七进六(图10)　…………

红方进马蹬车,解决窝心马受困的问题。如改走车三进五,则炮8进1,炮九进一,车2进7,马七进六,车2平1,马六退五,

黑方　徐天红

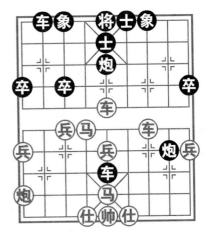

红方　孙勇征

图10

车1平5,红方窝心马成为致命弱点,黑方双炮制双车,演变下去黑方胜局。

26.………… 车5平1

如图10形势,黑车平边捉炮,败着! 黑方此时应改走炮8进3叫将,车三退四,车5平4,以下红方有两种走法:①马五进七,炮8退2,仕四进五,车4退1,帅五平四,车2进7,炮九进五,车2平3,炮九进三,象3进1,车三进四,车3平2,炮九平四,炮5平6,车三进五,炮8平6,车五平四,前炮平5,马六退四,车2退5,黑方胜势。②车三平二,车4退2,炮九进五,车2进7,黑有攻势。

27.马五进七 …………

红马顺势连环,困住黑方边车,黑方攻势全消。

27.………… 车2进8 28.车三进五 …………

红车杀象,实惠而有效。

28.………… 车2平4

黑方如改走炮8进1,则车三退三,炮8平5,马六退五,车1平3,马五进三,车2平1,车三平七,士5退4,车七进三,炮5退1,马三进二,车1平6,车七退三,红方胜势。

29.车三退三	炮8进3	30.仕四进五	炮8退2
31.车三平七	炮5平4	32.帅五平四	车4退2
33.车七进三	炮4退2	34.马六进四	炮8退6
35.马四进五	炮8平6	36.车五平六	车4退2
37.马五退六	车1平3	38.炮九进五	车3平7
39.帅四平五			

红胜。

第11局
中国徐超(先负)中国赵国荣

(2009年5月23日于淮安)
首届"振达·韩信杯"象棋国际名人赛

1.炮二平五	马8进7	2.马二进三	车9平8
3.车一平二	马2进3	4.兵七进一	卒7进1
5.车二进六	炮8平9	6.车二平三	炮9退1
7.马八进七	士4进5	8.炮八平九	车1平2
9.车九平八	炮9平7	10.车三平四	马7进8
11.炮五进四	马3进5	12.车四平五	炮7进5

13.马三退五　炮2进5

黑方进炮封车限制红方左马的活动，同时解脱了红方车八进六压制黑方车炮的争先手段。

14.马五进四　象7进5

黑方补象，稳健的走法。如改走卒7进1，则马四进五，马8进6，车五平七，也是红方易占主动。

15.车五平一　…………

红方车吃边卒，有嫌缓慢。可考虑改走马四进五，黑如接走马8进9，则相七进五，车8进8，车五平一，炮7平1，仕六进五，炮1平3，车八平六，红方易走。

15.…………　卒7进1

黑方过卒参战，无可非议。也可考虑改走炮7平8，红如接走炮九进四，则马8进7，马四进五，炮8进3，车一平二，车8进3，炮九平二，车2进4，马五进七，马7进9，车八进一，车2平6，仕六进五，车6退1，炮二进三，象5退7，前马退六，马9进7，帅五平六，炮8退7，兵七进一，炮8平4，兵七平六，车6平3，车八进一，车3进3，帅六进一，炮4进3，黑方大占优势。

16.马四进五　卒7平8　　17.兵七进一　…………

红方弃七兵，打通黑方卒林线，并伏炮九平八的手段。如改走炮九进四，则马8进6，车一平四，马6进8，车八进一，炮7平9，相七进五，车8平7，炮九退二，炮9进2，马五退四，炮2平1，车八平二，炮1退2，兵九进一，车7进6，马七进六，炮9退3，马六进七，车2进6，马四进五，车2平5，仕六进五，车5平2，车二平四，马8进7，帅五平六，炮9退3，帅六平五，炮9进6，马七退六，炮9平6，黑方得车，大占优势。

17.…………　卒3进1　　18.炮九进四　马8进6

19.炮九平八　车8平4　　20.兵五进一　车8平6

黑车控肋，伏有马6进7催杀的手段，紧凑有力之着。

21.仕六进五　炮7退1

黑方退炮捉中兵胁马，是车8平6的后续手段，由此黑方反夺了局势的主动权。

22.车八进二　炮7平5　　23.帅五平六　车6平5

24.车一平六　卒3进1　　25.相七进五　卒3进1

黑方3路卒过河欺马，其势愈盛了。

26.马七进五　马6进8　　27.马五退三　马8进7

28.马三进二　车5平8　　29.马二退三　…………

红方应改走马二退一兑马，较为顽强。

黑方　赵国荣

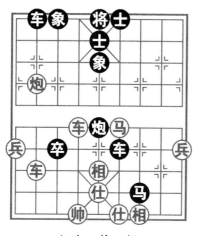

红方　徐　超

图 11

29.………… 车8进2

30.马三进四　车8平6

31.车六退二(图11)　车6平4

如图11形势,黑方平车兑车,准备用车马炮卒联攻取势,简明有力的走法。当然不能车6退1吃马,否则炮八平五,红方反败为胜。

32.车六退一　卒3平4

33.车八进二　…………

红方如改走马四进五，则车2进2,车八进二,炮5退1,也是黑方大占优势。

33.………… 车2进3

黑方舍车硬吃红炮,已算准车马卒可以巧胜红方车马仕相全,精妙!

34.车八平五　卒4平3　35.车五平六　马7退6

黑方退马将红方车位逼至低处,紧凑有力之着。

36.车六进四　车2进6　37.帅六进一　车2退1

38.帅六退一　车2进1　39.帅六进一　车2退4

40.马四退六　…………

红方如改走马四进三,则卒3进1,黑也胜势。

40.………… 车2进1　41.马六进四　卒3进1

红如接走仕五进四,则卒3平4,车四退六,车2进2,帅六退一,马6进4,黑方得车胜定。

第12局

北京蒋川(先胜)黑龙江赵国荣

(2010年10月24日于石家庄)
全国象棋个人赛

1.炮二平五　马8进7　　2.马二进三　车9平8

3.车一平二　马2进3　　4.兵七进一　卒7进1

5.车二进六　炮8平9　　6.车二平三　炮9退1

7.马八进七　士4进5　　8.炮八平九　炮9平7

9.车三平四　马7进8　　10.车九平八　车1平2

11.炮五进四　马3进5　　12.车四平五　炮7进5

13.马三退五　炮2进5

黑方进炮，封锁红车。也可考虑即走卒7进1，红如接走车八进四，则马8进6，车五退二，车8进8，炮九退一，车8退1，相三进五，炮7平8，马五退三，车8平7，黑方左翼有攻势可以对抗。

14.相七进五　卒7进1　　15.车五平七　…………

红车吃卒，谋取实利。一般多走马五退七，炮2退1，马七进六，车8进2，黑可应对。

15.…………　车8进2　　16.相五进三　…………

红相飞卒，消灭黑方的有生力量，但度数上亦有所亏损。

16.…………　车8平7

17.炮九进四（图12）　…………

红炮打卒，暗藏玄机。想必蒋川是有备而来了。

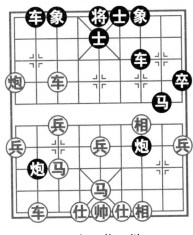

黑方　赵国荣

红方　蒋　川

图 12

17.…………　车7进3

如图12形势，黑车吃相，失算。应改走象3进5，红如接走联相，则马8进6；又如改走炮九退二，则马8进9，黑方虽然少兵，但子力位置好，可以一战。

18.炮九平八　炮2退1

19.兵五进一　…………

红方拱兵，是平炮的后续手段。以下黑如接走炮2平3，则车七平二，伏有吃马和平炮叫将抽车的手段，黑方难以招架。

19.…………　炮7平3

20.炮七平二　车2进3

黑方弃车砍炮，力求一搏。否则丢子后也难对抗了。

21.车二平八　炮2平9　　22.前车平二　马8进7

23.马五进三　炮9退1

黑方退炮，忙中出错。可改走马7退5，红如接走马七进五，车7进1，车二退二，马5进6，车八进三，车7进1，黑方尚可纠缠。

24.车八进三　炮9平5　　25.车八平七　炮5退3

26.车二进一　马7进5　　27.车二平五　…………

红方净多一车，所以齐车唷炮，采取以多胜少的战术来简化局面，不失为明智的走法。

　　27.………… 马5进7　　28.帅五进一　象7进5

　　29.马七进五　车7平4　　30.兵七进一　车4进4

　　31.帅五平四　车4退6　　32.马五进六　车4平7

　　33.马六退四　车7平6　　34.兵七平六　…………

红方平兵,细腻。如误走车七平二,则车6进2,马三进四,马7退8,马四退二,象5进3,和棋。

　　34.………… 车6平2　　35.车七平二

红方再得一子,黑遂停钟认负。

第13局
四川孙浩宇(先负)四川李少庚

(2012年3月19日于湖南耒阳)
第二届"蔡伦竹海杯"全国象棋精英邀请赛

　　1.炮二平五　马8进7　　2.兵七进一　卒7进1

　　3.马二进三　马2进3　　4.车一平二　车9平8

　　5.车二进六　炮8平9　　6.车二平三　炮9退1

　　7.马八进七　士4进5　　8.炮八平九　车1平2

　　9.车九平八　炮9平7　　10.车三平四　马7进8

　　11.炮五进四　马3进5　　12.车四平五　卒7进1

黑方弃7卒,蓄意弃子抢攻。

　　13.兵三进一　马8进6

黑方强硬弃马攻相,符合弃卒求战的战略。如改走炮2进5,车五平三,炮2平7(如马8退9,车三进一,象3进5,马七进六,红方主动),炮九平三,车2进9,马七退八,马8进6,车三进二,马6进7,相七进五,黑方陷入苦战残局。

　　14.马三进四　炮7进8　　15.仕四进五　炮7平9

黑方另一路经典的变化是炮2进6,以下炮九进四,车8进9,相七进五,炮7平4,仕五退四,炮4平6,马四退三,炮6平2,马三退二,前炮平8,帅五进一,双方对攻。

　　16.车八进四　车8进9　　17.仕五退四　车2进1

黑方如改走车8退2,则仕四进五,车8平3,炮九平八,车3平8,炮八进五,车8进2,仕五退四,车8退7,仕四进五,车2进2,车八进三,车8平2,红方残局多兵大占优势。

18.炮九平八　…………

红方应改走炮九进四,则双方变化尚多。

18.…………　炮2平8

黑方炮2平8,巧妙的摆脱战术,精彩!

19.车八进四　车8退6　20.仕四进五　…………

红方不能帅五进一,车8进5,帅五进一,炮8进5,绝杀,黑胜。

20.…………　车8平5　21.仕五进四　车5平8

22.车八退三　…………

红方如改走炮八退一,则车8进5,车八退三,车8平7,车八平二,炮8平5,相七进五,车7平2,黑方也可得回一子。

22.…………　车8进6　23.帅五进一　车8退1

24.帅五退一　车8平2　25.车八平二　炮8平5

26.相七进五　车2退1

27.马七进六　炮5平1

以上一段,黑方充分发挥了车双炮运转灵活的战术特点,左突右冲,得回一子。局面上,红方虽然多两个兵,但缺相怕炮,黑方比较乐观。

28.马六进四　车2退3(图13)

29.兵七进一　…………

如图13形势, 红方弃兵意图抢先,不过损失太大,得不偿失。不如直接走前马进三兑车,则车2进2,马四进六,炮1进4,马六进四,炮1平5,帅五平四,红方以攻代守,尚可一战。

29.…………　车2平3

30.前马进三　车3进2

31.马四进六　车3平4

32.兵五进一　炮1进4

33.马六进四　车4退3

34.车二平四　炮1平5

35.相五退七　炮5平7

36.马三退二　炮7进3

37.帅五进一　车4进6

黑方　李少庚

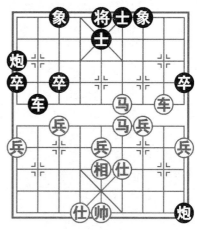

红方　孙浩宇
图13

黑方秩序井然,连消带打,守住红马卧槽后,车双炮开始组合攻击。

38.马二退三　士5进6

黑方扬士化解了红方最后一点牵制,车双炮可以放手进攻了。

39.相七进五　炮7平8　　40.车四平二　炮9退1

41.相五退三　车4平5　　42.帅五平六　炮8退1

43.帅六进一　车5平2

绝杀,黑胜。

第14局

上海万春林(先负)吉林洪智

(2001年4月19日于北京)
首届BGN世界象棋挑战赛

1.炮二平五　马8进7　　2.马二进三　车9平8

3.车一平二　马2进3　　4.兵七进一　卒7进1

5.车二进六　炮8平9　　6.车二平三　炮9退1

7.马八进七　士4进5　　8.炮八平九　车1平2

9.车九平八　炮9平7　　10.车三平四　马7进8

11.炮九进四　…………

双方以五九炮过河车对屏风马平炮兑车红方炮打边卒变例布阵。红方炮打边卒变例,在20世纪60—70年代曾一度流行,近几年来该变例又有了新的发展。

11.…………　炮7进5

黑方进炮打兵,是比含蓄的走法。如改走卒7进1,则炮五进四,象3进5,车四平三,马8退9,黑方也可对抗。

12.炮五进四　…………

红方用炮打中卒,是改进后的走法。如改走炮九平五,则象7进5,马三退五,卒7进1,车四退一,炮2进4,黑不难走。

12.…………　象3进5

黑方飞右象,细腻之着。如改走象7进5,则炮五退一,炮2进4,车四平二,车8进3,炮九平二,红方优势。

13.炮五退一　…………

红方退炮弃相求攻,力求一搏的走法。如改走马三退五,则卒7进1,车四平一,马8退7,车一平四,局面相对稳健。

13.…………　炮2进4(图14)

14.车四平七　…………

如图14形势，红方平车吃卒，速败之着。可改走车四平二兑车，黑如接走车8进3，则炮九平二，红方虽落后手，但尚可支撑。

14.·········· 炮7进3

15.帅五进一 ··········

红方应改走仕四进五，黑如接走炮2平3，则车七平六，较为顽强。

15.·········· 马8进7

16.帅五平四 车8进8

17.帅四进一 车8平7

18.马七退五 炮7退2

19.车七平四 马3进5

黑方献马解杀，下伏炮7平8绝杀手段，红遂停钟认负。

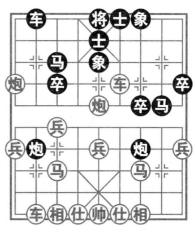

黑方　洪　智

红方　万春林

图14

第15局

辽宁金波(先负)重庆洪智

(2006年5月21日于苏州)
第三届全国体育大会象棋赛

1.炮二平五　马8进7　　2.马二进三　车9平8

3.车一平二　卒7进1　　4.兵七进一　马2进3

5.车二进六　炮8平9　　6.车二平三　炮9退1

7.马八进七　士4进5　　8.炮八平九　炮9平7

9.车三平四　马7进8　　10.车九平八　车1平2

11.炮九进四　炮7进5　　12.马三退五　··········

红方先退窝心马，新的尝试。如改走炮五进四，则象3进5，马三退五，卒7进1，车四平一，炮2进4，炮五退一，马3进1，车一平七，马1退2，车七平八，车2平4，前车进二，车8进3，马七退九，车8平5，马九进八，车5进1，马五进七，马8进9，马八进六，马9进7，相七进五，马7退5，马六进七，马5进3，局势立趋简化。

12.·········· 卒7进1　　13.车四平一　··········

红车吃卒，试探黑方应手。如改走炮五进四，则象7进5，车四平一，炮2进4，炮五退一，马3进1，车一平七，马1退2，车七平八，马2进4，前车进三，马4进5，后车进三,炮7平2,车八退六,马8进9,兵五进一,马5进3,车八平七,马9进8,马五进六,车8进6,车七进一,车8平4,仕六进五,易成和势。

13.…………　炮2进4

黑方进炮封车,含蓄有力的走法。如改走马8进6,则炮九退二,马6进4,炮五进四,马3进5,马五进六,马5进7,车一平六,红方易走。

14.炮九退二　象3进5　　15.车一退二　…………

红方退车捉卒,力求稳健的走法。如改走炮九平三,则马8进6,兵五进一(如车一平四,马6进4,黑方优势),车8进8,马七进五,马6进5,相七进五,车8平6,黑方反先。

15.…………　车8进2

黑方高车,准备协助马炮作攻,紧凑有力的走法。

16.车一平三　马8进9　　17.车三平四　马9进8

18.炮五平六(图15)　…………

黑方　洪　智

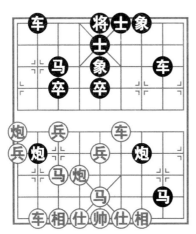

红方　金　波

图 15

红方卸炮,准备调整阵势,如误走马七进六,则炮7平6,黑方速胜。

18.…………　车8进3

如图15形势,黑方抓住了红方窝心马的弱点,乘机进车欺车,可谓一击中的!是迅速扩大优势的有力之着。

19.车四退三　…………

红方退车,出于无奈。如改走相七进五,则车8平6,炮九平四,车2平4,马九退七(如炮四平六,炮2平3),车4进6,黑方大占优势。

19.…………　车8进2

黑方逼退红车后再进车捉炮,正着。

20.相七进五　…………

红方如改走炮六退一,则马8退6,炮六进一,马6进4,黑方得子胜定。

20.…………　车8平5　　21.车四进八　将5平6

22.相三进五　炮7平9　　23.马七进六　炮2进2

黑方进炮压车,细腻。如改走马8退7,则马五进三,炮9进3,相五退三,黑方并无便宜可占。

24.马五退三　马8退7　　25.仕六进五　炮9平5

26.马三进四　炮2退1　　27.马六退七　…………

红方退马邀兑,顽强的走法。如改走帅五平六,则炮5平4,炮六平七,马7进5,红方速败。

27.…………　炮2平4　　28.车八进九　马3退2

29.马四进三　马7进5

黑马踏相,简明有力。

30.马三退五　马5进7　　31.马五退四　炮4平9

红方如改走帅五平六,则炮4退7,黑也大占优势。

32.帅五平六　马2进4　　33.马四进三　炮9进2

34.帅六进一　马7退6　　35.马七进六　…………

红方应改走马七进五,较为顽强。

35.…………　马6退5　　36.炮九进二　马5进3

37.马六进五　马3进1　　38.马三进四　马1进2

黑方进马吊住红帅,准备以双马炮卒的组合攻击红帅,保留变化的走法。如改走马4进5,炮九平五,马1进2,黑亦胜势。

39.马五进三　将6平5　　40.仕五进四　马2退3

41.帅六平五　马3退5　　42.炮九退三　马5进6

黑方再破一仕,其势更盛了。

43.炮九平一　马6退7　　44.炮一进六　士5退6

45.炮一退七　…………

红方如改走马四进五,则炮9退7,马三进二,炮9平6,炮一平三,将5进1,黑也胜势。

45.…………　马4进6　　46.马四进六　马6进5

47.炮一平五　炮9平7　　48.马三退四　士6进5

49.帅五平六　士5进4　　50.仕四进五　将5平6

51.炮五平一　象5退3

红方少兵少相不敌,遂停钟认负。

第16局

黑龙江陶汉明(先负)广东吕钦

(2009年5月16日于江苏)
首届"茅山·宝华山杯"全国象棋冠军邀请赛

1.炮二平五　马8进7　　2.马二进三　车9平8

3.车一平二　卒7进1　　4.车二进六　马2进3

5.兵七进一　炮8平9　　6.车二平三　炮9退1

7.马八进七　士4进5　　8.炮八平九　车1平2

9.车九平八　炮9平7　　10.车三平四　马7进8

11.炮九进四　卒7进1

黑方冲卒进行反击,是常见的走法。

12.炮五进四　象3进5　　13.车四平三　炮2退1

14.兵三进一　…………

红方挺兵吃卒,新的尝试。以往曾走车三退二,车2平1,车八进七,马3进5,炮九平五,车8进3,炮五退一,车8平6,车三平二(红可考虑改走车三进一,马8退9,车三进二,车6进4,相七进五,车6平7,马七进六,红方弃子多兵占先不难走),马8进6,马三退五,车1平4,兵五进一,车4进7,纠缠中黑不难走。

14.…………　马8退9　　15.车三平四　炮7进6

16.车八进七　马3进5　　17.车四平五　…………

红车吃马,似不如改走炮九平五,保留镇中炮之势为宜。

17.…………　车2平1　　18.车五平七　炮2平4

19.兵三进一　车8进8

黑方进车红方下二路,力争主动的走法。如改走象5进7,则车七平四,象7进5,炮九平五,马9退7,车四退一,车8进3,炮五退一,红不难走。

20.马七进六　车8平4　　21.马六进四　象5进7

黑象飞兵别马,稳健的走法。如改走炮4进8,则相三进五,车1平4,仕四进五,象5进7,兵七进一,前车退2,车七平八,黑方也有所顾忌。

22.兵七进一　马9退7　　23.炮九平一　…………

红方可考虑改走车七平八,黑如接走炮4退1,则前车进二,车1进2,炮九退二,既牵制黑方底线又可镇中炮助攻,较为积极有力。

23.…………　车1进6

黑车吃兵,不怕底线受攻,体现了吕钦勇于进取的棋战精神。

24.相三进五　象7进5　　25.仕四进五　士5退4

26.车八退三　士4进5　　27.炮一平五　炮4退1

28.炮五退一　…………

红方退中炮,似不如改走车七平六,黑如接走车1平4(如炮7进1,车八进五,车4退5,马四进六,车1平4,兵七进一,炮7平6,车八退四,红有攻势),兵七进一,马7进8,车六退三,车4退2,马四进六,纠缠中红方车马炮兵占位较好,易于组织攻势。

28.…………	车1平3	29.炮五退一	车4退6
30.兵一进一	马7进9	31.兵一进一	马9进7
32.兵一平二	马7进5	33.车七平四	车3退2
34.兵二平三	炮4平3	35.兵三进一	炮7退3
36.车八进五	将5平4	37.炮五平九	将4平5
38.兵五进一	车4平1	39.炮九退二	…………

红方退炮，失算；不如改走兵五进一，车1进3，车四平五为宜。

39.…………	马5退4	40.炮九平六（图16）	象5退7

如图16形势，黑方抓住红方的疏漏，乘机退象巧兑一马，既消除了红方的潜在反击力，又为己方以多子之利展开攻势创造了有利条件。

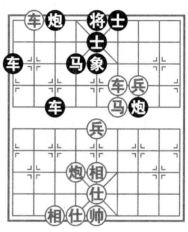

黑方　吕　钦

红方　陶汉明

图16

41.车四平六	车3平6
42.炮六进五	炮3平4
43.炮六平八	炮7平9
44.炮八退四	车1平8
45.兵三平二	车8平6
46.炮八平一	前车平8
47.仕五退四	车6进4

黑方使用顿挫手段，巧妙地将双车炮运至好点，其势渐盛了。

48.炮一退一	炮9进2
49.相五进三	车8进3

50.车六平三	象7进5	51.仕六进五	车6平3
52.相七进五	士5进4	53.车八退九	车8退3

54.兵五进一	…………

红献中兵，虽然可惜，但也别无好棋可走了。

54.…………	车8平5	55.兵二进一	士6进5
56.兵二进一	炮9平5	57.车三平九	车5平3
58.车九退六	后车平6	59.车八平七	车3平4

黑炮镇中后双车控肋，胜利在望了。

60.兵二进一	炮4平8	61.炮一平二	将5平6
62.炮二退二	车6平7	63.相三进一	车7平8

红方无法解拆黑方车8平6的杀棋，遂停钟认负。

第17局
云南赵冠芳(先负)中盛东坡水泥蒋川

(2010年4月16日于山西吕梁)
"北武当山杯"全国象棋精英赛

1.炮二平五　马8进7　　2.马二进三　车9平8

3.车一平二　马2进3　　4.兵七进一　卒7进1

5.车二进六　炮8平9　　6.车二平三　炮9退1

7.马八进七　士4进5　　8.炮八平九　车1平2

9.车九平八　炮9平7　　10.车三平四　马7进8

11.炮九进四　卒7进1　　12.车四退一　…………

红方退车,新的尝试。以往多走炮五进四或炮九平五。

12.…………　卒7进1　　13.马三退五　马8退7

14.车四进一　象7进5

黑方也可考虑改走车8进8,红如接走炮五进四,马7进5,炮九平五,马3进5,车四平五,车8平6,车五平三,炮7平6,黑方易走。

15.车八进六　炮2平1　　16.车八进三　马3退2

17.马七进六　…………

红方应改走炮九平五,谋取中卒为宜。

17.…………　马2进3　　18.炮九退二　炮1退1

19.马六进七　车8进4　　20.马五进七　卒7进1

黑方调整好子力,冲卒开始展开反击了。

21.炮五平六　…………

红方炮五平六,失算。应改走相三进一,先解除底线的弱点为宜。

21.…………　马7进6

黑方借炮打底相先手,及时跳马夺取中兵,迅速展开了反击。

22.相三进五　马6进5　　23.后马进六　卒7进1

24.车四退三(图17)　卒7平6

如图17形势,黑方置中马被捉于不顾,而毅然平卒攻击红方底线,精彩!是迅速取得优势的有力之着。

25.车四退二　炮7进8　　26.帅五进一　…………

红方如改走仕四进五,则炮7平9,也是黑方优势。

26.…………　士5退4　　27.炮六退一　…………

红方炮六退一,败着! 应改走炮九平八较为顽强。

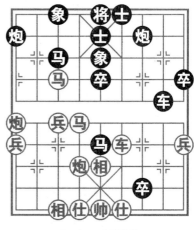

图17

27.………… 炮1进5

28.炮六平九 车8平2

29.前炮平八 象5进3

黑飞高象别红马腿, 捉死红方八路炮,已是胜利在望了。

30.车四进六 车2进1

31.相五退三 车2平3

32.马六退五 象3退5

33.马七退九 车3进4

34.帅五退一 马5进3

35.马九退七 炮1进1

黑方得子胜定。

第18局
中国孙勇征(先胜)越南阮成保

(2010年4月22日于越南)
第四届越南"芳庄旅游杯"象棋公开赛

1.炮二平五 马8进7　　2.马二进三 车9平8

3.车一平二 马2进3　　4.兵七进一 卒7进1

5.车二进六 炮8平9　　6.车二平三 炮9退1

7.马八进七 士4进5　　8.炮八平九 车1平2

9.车九平八 炮9平7　　10.车三平四 马7进8

11.马三退五 …………

形成五九炮过河车对屏风马平炮兑车红退窝心马变例。红方退窝心马,目的是先避开黑方7路炮的威胁,再伺机进取,含蓄的走法。

11.………… 卒7进1　　12.车四退一 炮7进5

黑方7路炮打兵,系老式走法。如改走卒7进1,车八进六,象7进5,马七进六,马8退7,车四退一,车8进4,双方另有攻守。

13.车八进六 马8进6　　14.炮五平三(图18) 马6进7

如图18形势,黑方选择简单交换,这样的结果是左翼没有反击,右翼受压制,局面净亏。越南棋手似乎对此路变化并不熟悉。一般此时要走车8进2,炮三

黑方　阮成保

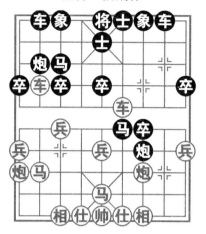

红方　孙勇征

图 18

进一(不能车四退一吃马,因黑炮7进3,红方失车),车8平6,马七进六,炮2平1,车八平七,红方先手。

15.炮九平三　炮2平1

16.车八平七　马3退4

17.车七平五　车2进8

黑方进二路车不起什么作用,不如改走卒7平8保留实力为宜。

18.炮三进二　车2平4

19.炮三平五　…………

红方连扫3卒,炮镇中路,子力占位极佳,获得了局面优势。

19.…………　象7进5

20.兵七进一　炮1进4

21.马七进九　炮7平1　22.车五平九　炮1平3

23.车九平三　…………

红车占位稳健,保证了三路马的安全运转。

23.…………　马4进3　24.马五进三　车8进7

25.兵一进一　车4退2　26.仕四进五　将5平4

黑方如改走炮3平5,则帅五平四,炮5平6,车三退三,黑要丢子。

27.炮五平九　象3进1

黑方飞边象,准备弃象扑马,以求一搏。如改走将4平5,则炮九进五,马3退4,兵七进一,车4退1,黑方也是坐以待毙。

28.兵七进一　马3进1　29.炮九进三　马1进3

30.炮九退五　炮3退3　31.车三平七　车8平7

32.相七进五　车7退1　33.炮九进七　…………

红方炮沉底后,黑后方空虚,已难防止红炮打士的杀手,败局已定。

33.…………　车7平5　34.车七进三　将4进1

35.炮九平四　马3进2　36.炮四退一　士5进6

37.车四平八

红胜。

第19局
吉林陶汉明(先负)广东许银川

(2001年7月20日于北京)
首届BGN世界象棋挑战赛

1.炮二平五　马8进7　　　2.马二进三　车9平8

3.车一平二　卒7进1　　　4.车二进六　马2进3

5.兵七进一　炮8平9　　　6.车二平三　炮9退1

7.马八进七　士4进5　　　8.炮八平九　车1平2

9.车九平八　炮9平7　　　10.车三平四　马7进8

11.车四进二　炮7进5　　　12.相三进一　炮2进4

13.马七进六　…………

红方进河口马威胁黑方中卒,是一种比较旧式的攻法。如改走兵五进一,则黑方有卒7进1和炮7平3两种应法,双方另有不同攻守。

13.…………　马8退7

黑方退马既可保护中卒,又可活通左车,正着。

14.仕四进五　车8进5

黑方阵势稳固,所以敢于伸左车骑河捉马进行快速反击,有利于打开对峙局面。

15.兵五进一　…………

红方弃兵,可以拆散黑方过河炮的炮架。如改走马六进七,则车8平3,黑方优势。

15.…………　车8平5　　　16.车四退五　炮2进1

17.兵七进一　…………

红方弃兵,寻求变化的走法。如改走车四平三,则马7进6,车三进二,马6进4,车三进四,炮2退3,黑方易走。

17.…………　车5平4

黑方平车吃马,正着。如改走卒3进1,则车四平三,马7进6,车三平八,红方巧得一子,这正是红方弃兵后想实现的形势。

18.车四平三　卒7进1

黑方献卒,势所必然。如改走卒3进1,则车三进二,车4退3,马三进五,红方占优。

19.车三平七　…………

红方如改走车三进一的吃卒,则车4平7,相三进一,卒3进1,黑方优势。

19.………… 卒3进1　20.车七进二　车4退3

21.马三进五　卒7平6　22.车七进一　…………

红方如改走马五进七,则黑方有炮2平3巧兑之着。

22.………… 象7进5

黑方飞象,是改进后的走法。如改走车2进6,则马五进七,炮2平3,车八进三,炮3退4,马七进八,马7进6,车八平七,红方占优。

23.马五进七　炮2退6

黑方退炮,准备炮2平3兑车化解红方攻势,走得十分老练得法。

24.车八进七　…………

红方进车捉马,准备一车换双。如改走车七平六,则车4进1,马七进六,炮2平4,车八进九,马3退2,也是黑方多卒占优。

24.………… 炮2平3　25.车八平七　炮3进2

26.车七退一　车2进4　27.炮九进四　象3进1

28.炮九平八　…………

红方如改走炮九平五,则车2平3,黑也胜势。

28.………… 卒6平5　29.炮五进四　车4进2

30.马七进六(图19)　车2平3

如图19形势,黑方平车兑死红车,可以演成有车杀无车之势,是迅速取得优势的简明有力之着。

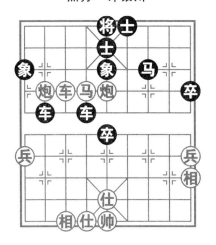

黑方　许银川

红方　陶汉明

图19

31.车七退一　车4平3

32.炮五平二　卒5平4

33.相七进五　士5进4

黑方扬士顶马,为围歼红马创造了有利条件。

34.炮八进一　车3平4

35.马六进四　将5进1

36.相一退三　车4平6

37.炮二进一　象1退3

38.兵一进一　将5平6

39.炮八进一　车6平8

40.炮二平一　卒9进1

41.兵一进一　车8平9

42.炮一平二　车9退2

红方少子不敌,遂停钟认负。

第20局
北京蒋川(先胜)湖北汪洋

(2016年1月23日于广东)
第四届"财神杯"象棋快棋赛

1.炮二平五	马8进7	2.马二进三	卒7进1
3.车一平二	车9平8	4.车二进六	马2进3
5.兵七进一	炮8平9	6.车二平三	炮9退1
7.马八进七	士4进5	8.炮八平九	车1平2
9.车九平八	炮9平7	10.车三平四	马7进8

11.车四进二　…………

这是2016年第四届"财神杯"象棋快棋赛,北京特级大师蒋川与湖北特级大师汪洋第2轮第3局之战,前两局双方弈和。双方以五九炮过河车对屏风马平炮兑车列阵。红进肋车捉炮,试探黑方应手。如改走车八进六,卒7进1,车四平三,马8退7,车三平四,卒7进1,马三退五,象7进5,双方另有复杂攻守。

11.…………　炮7进5

黑炮打兵,简明的走法。如改走炮2退1,则车四退三,象3进5,车八进七,马8进7,车四退二,炮7进1,马七进六,车2平4,马六进七,炮2平3,兵七进一,车8进8,形成激烈对攻的复杂局面。

12.相三进一　炮2进4　13.兵五进一　…………

红冲中兵,威胁黑方中路。如改走马七进六,则马8退7,仕四进五,车8进6,黑可对抗。

13.…………　炮7平3

黑方也可考虑改走卒7进1,红如接走车四退五,炮2进2,相一进三,象7进5,局势相对稳健。

14.马三进四　…………

红进右马,威胁黑方中卒。如改走兵五进一,卒5进1,马七进五,车8进2,马五进六,炮3平1,黑可对抗。

14.…………　炮2退5

黑方退炮打车,围绕红车"做文章"进行反击。如改走马8进7,马四进五,炮3平9,马五进七,炮2平5,仕六进五,车2进9,马七退八,车8进2,马七退九,车8平2,马八进七,马7进9,形成一方多子、一方占势的二分局面。

15.车四退三 卒7进1 16.马四退三 象7进5

17.马三进五 卒7平6 18.兵五进一 炮2进5

黑方炮2进5瞄马，失算。不如改走炮2进3，红如接走兵五进一，卒3进1，马五进六，马3进4，车四平六，炮2平4，车八进九，炮4退4，车八退九，马8进7，要比实战走法为好。

19.马五进六 炮3平6

黑方平炮打车，贯彻预定计划。也可考虑改走炮2平9，红如接走马六退七，则车2进9，后马退八，炮9退2，车四进三，炮9平5，黑方虽少一子，但多三个卒，且红方马位不好，黑方尚可对抗。

20.炮五平二 …………

红方炮五平二反打黑车，是解除右车困境的巧妙之着。黑如逃车，则红可吃黑马，所以黑方只好进马求变了。

20.………… 马8进7 21.车四退一 炮6平9

22.马六进七 车2进2 23.前马退五 车2平4

24.相一退三 …………

红方退相，嫌缓。应改走车四平三，黑如接走车4进4，再相一退三，则黑无有效反击手段。

24.………… 炮2平5 25.车四平三 …………

红方平车捉马，授人以隙。可考虑改走马七进五，黑如接走炮9平5，则炮二进二，将5平4，马五进七，车4平3，车八进三，车3平4，车八平五，车4进7，帅五进一，红方多子占优。

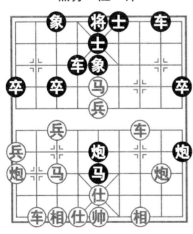

黑方 汪 洋

红方 蒋 川

图20

25.………… 马7进5

26.仕四进五(图20) 马5进3

如图20形势，黑马卧槽叫将随手，错失良机！应改走车8进7，红如接走马七进五，则马5进3，帅五平四，炮9进3，相三进一，车8进3，帅四进一，车8退1，帅四退一，炮9平4，黑方抢攻在先。

27.帅五平四 炮9进3

28.相三进一 马3退1

29.炮二平九 车8进9

30.帅四进一 炮5退3

黑方应改走炮5平4，较为顽强。

31.兵五进一 车4进4

32.兵五进一　…………

红方舍兵拱象,抢先发起攻击。

32.…………　车4平6　　33.仕五进四　车8退1

34.帅四退一　车6平8

黑方如改走象3进5,则马七进六,车6进1,帅四平五,车6进1,车八进九,士5退4,炮九平五,以下无论黑方士6进5或飞象,红方皆可通过抽将兑掉一车,形成多子胜势。

35.兵五进一　将5进1　　36.炮九退一　…………

红方退炮防止黑方杀棋,并为己方抢攻争取了时间。

36.…………　前车进1　　37.帅四进一　炮9退1

38.车八进八　将5退1　　39.车三平五　将5平4

40.帅四平五

红方进帅,解杀还杀,黑遂停钟认负。